Les cahiers d'écriture

Coréen

Les bases

Inseon Kim-Juquel
김인선

Sommaire

Introduction 4-7

LES CONSONNES 9-28
LES VOYELLES 29-50
LES COMBINAISONS D'UNE SYLLABE 51-80
Type CV (consonne + voyelle) 51-62
Type CVC (consonne + voyelle + consonne) 63-76
Type CVC particulier 77-79
Speed Quiz 80

LES EXERCICES 81-95
Les mots coréens 81-86
Les mots anglais coréanisés 87-90
Les mots français coréanisés 91-95

ÉCRIVEZ VOTRE PRÉNOM EN CORÉEN ! 96-100
COMMENT RÉDIGER LE HANGEUL SUR LE CLAVIER ? 101
LES PHRASES USUELLES 102-115
Salutations 102-103
Présentation 104-106
Exercices d'écriture et de présentation 107
Souhaits 108-115

MOTS CROISÉS 116
LES EXPRESSIONS FIGÉES INTÉRESSANTES 117-126
L'HEURE DU BILAN 127

Introduction

Un peu d'histoire

Le roi Sejong le Grand et le hangeul

« Un homme sage peut l'apprendre en une matinée, et un idiot en moins de dix jours. » Ces propos sont ceux d'un érudit ayant participé à l'invention du hangeul.
Le roi Sejong le Grand 세종대왕 [sé-djông-dè-wang] a promulgué le hangeul, un système d'écriture inventé en 1446 et destiné à créer une image écrite des sons produits dans la langue coréenne. Le hangeul est un alphabet unique dont on connaît l'origine. On sait également par qui et pour quelle raison il fut inventé.

Pourquoi le hangeul a-t-il été inventé ?

Autrefois, les Coréens utilisaient l'écriture chinoise. Parler coréen mais écrire en caractères chinois ? Comme on peut l'imaginer, ce n'était guère pratique. De plus, l'apprentissage de l'écriture chinoise était réservé à l'élite, aux nobles et aux intellectuels. Les femmes et les gens des classes populaires n'y avaient pas accès. Le roi Sejong le Grand a donc eu une idée révolutionnaire : inventer une nouvelle écriture pour lutter contre l'analphabétisme des Coréens !

L'officialisation du hangeul

Le hangeul, à l'époque de sa promulgation, était publié dans le 훈민정음 [Houn-minn-djong-eum], dans lequel on présentait une méthode idéale pour transcrire la langue coréenne.

Le jour du hangeul

Le jour du hangeul, 한글날 **han-geul-nal** [Hann-geul-lal], a été institué le 9 octobre. Ce jour commémore la promulgation du hangeul. À cette occasion, le gouvernement et les établissements publics et privés organisent des événements culturels et festifs pour honorer les réformes du roi Sejong et fêter ainsi la naissance du hangeul. Depuis 2013, c'est de nouveau un jour férié.

La simplicité du hangeul

Son objectif étant de lutter contre l'analphabétisme, le hangeul est un alphabet facile à apprendre. Il s'agit d'une écriture phonétique : chaque lettre (consonne et voyelle) a sa valeur phonétique. Pour le dire plus simplement, il suffit de savoir déchiffrer le hangeul pour le lire.

INTRODUCTION

Le hangeul

La formation des consonnes

Les consonnes sont formées en s'inspirant de la forme ou de la position des organes de la parole lorsqu'on les prononce.
Observons ci-dessous les cinq exemples qui constituent la base des consonnes :

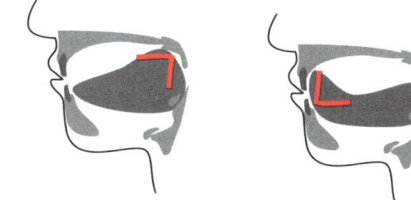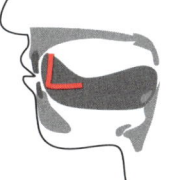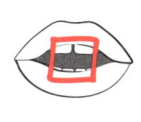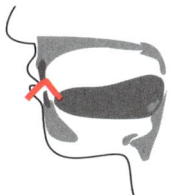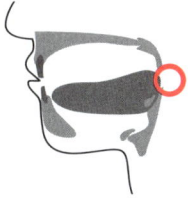

• L'écriture de la consonne ㄱ **g** imite la position de la langue, qui touche alors le fond du palais lorsqu'on la prononce.
• L'écriture de la consonne ㄴ **n** imite la position de la langue, dont le bout touche alors l'arrière des dents de devant lorsqu'on la prononce.
• L'écriture de la consonne ㅁ **m** imite la forme des lèvres lorsqu'on la prononce : elles doivent se toucher pour former le son, puis elles doivent immédiatement se rouvrir.
• L'écriture de ㅅ **s** imite la position des dents lorsqu'on la prononce ou bien la direction du souffle qui passe entre les dents.
• L'écriture de la consonne ㅇ (consonne muette) renvoie à la forme de l'entrée de la gorge.

Les 19 consonnes du coréen ont été formées par dérivation. Des traits supplémentaires ont été ajoutés aux cinq consonnes de base :

consonnes de base	consonnes dérivées	consonnes doublées
ㄱ g	ㅋ k^h	ㄲ kk
ㄴ n	ㄷ d → ㅌ t^h → ㄹ l	ㄸ tt
ㅁ m	ㅂ b → ㅍ p^h	ㅃ pp
ㅅ s	ㅈ dj → ㅊ tch	ㅆ ss ㅉ ts
ㅇ consonne muette	ㅎ h	

INTRODUCTION

La formation des voyelles

Les 21 voyelles du hangeul ont été conçues sur une réflexion philosophique autour des trois composants de l'univers.

- Le ciel est symbolisé par un rond • représentant la rondeur du Soleil dans le ciel.

- L'Homme est symbolisé par un trait vertical ㅣ représentant la posture de l'homme debout.

- La terre est symbolisée par un trait horizontal ─ représentant l'horizon.

Le rond • symbolisant le ciel s'est transformé en un petit tiret et se place verticalement ou horizontalement contre les symboles qui représentent l'Homme et la terre.

Voici quelques exemples de voyelles :
- ㅏ **a** (Homme + ciel)
- ㅗ **ô** (ciel + terre)
- ㅜ **ou** (terre + ciel)
- ㅣ **i** (Homme)

INTRODUCTION

La formation d'une syllabe
Le hangeul est une écriture syllabique :
- Chaque syllabe, composée d'une ou deux consonnes et d'une voyelle, représente un son.
- Les lettres d'une même syllabe s'inscrivent dans un espace carré.
- Une syllabe est composée au minimum d'une consonne et d'une voyelle.
- Chaque syllabe doit être construite selon l'une ou l'autre de ces combinaisons : consonne + voyelle (CV), ou consonne + voyelle + consonne (CVC).

Votre parcours dans ce cahier
- Ce cahier constitue une base solide qui vous aidera à progresser durablement.
- Nous vous enseignons une écriture élégante qui respecte le nombre et le sens des traits.
- Ne vous précipitez pas ! Travaillez 15 minutes par jour plutôt que plusieurs heures d'un coup.

Les sons
- La transcription utilisée dans ce cahier est spécialement conçue pour les francophones et s'approche au mieux de la prononciation du français.
- Nous avons indiqué entre crochets [ ] la prononciation transformée selon les règles de phonétique du hangeul.
- Suivez le guide pas à pas, tout est prévu pour que vous prononciez le hangeul sans accent.

Les astuces
- Prononcez en écrivant, cela aide à mémoriser le son.
- Respectez le nombre de traits suggérés, vous adopterez ainsi une belle écriture traditionnelle.
- Pour les outils, aucune obligation : un crayon ou un stylo peuvent convenir. Néanmoins, si vous êtes équipé(e) d'un stylo pinceau, ce cahier sera l'occasion d'un petit atelier de calligraphie !

Les consonnes

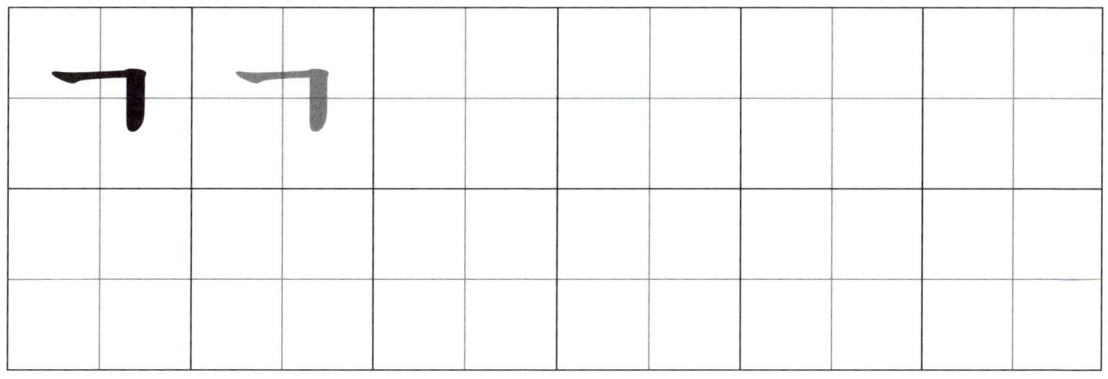

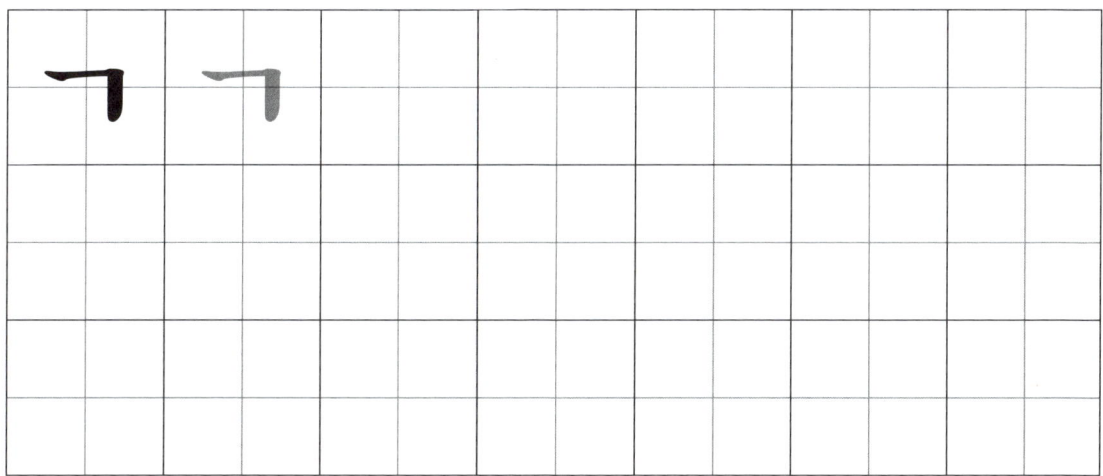

- La consonne ㄱ **g** se trace en un seul trait.
- La transcription de cette consonne est **g** mais sa prononciation réelle est entre [g] et [k]. On entend pleinement le son [k] si elle est précédée de la voyelle ㅣ **i**.
- Elle se prononce aussi [ᵏ] (un [k] à peine audible) lorsqu'il s'agit d'une consonne finale dans une syllabe de type CVC, sauf en cas de liaison.

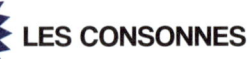

ㄴ **n** [n]

ㄴ

ㄴ ㄴ

ㄴ ㄴ

- La consonne ㄴ **n** se trace en un seul trait.
- Attention ! Il ne faut pas la confondre avec la consonne précédente. La forme est quasiment identique mais l'orientation et la prononciation sont très différentes.

LES CONSONNES

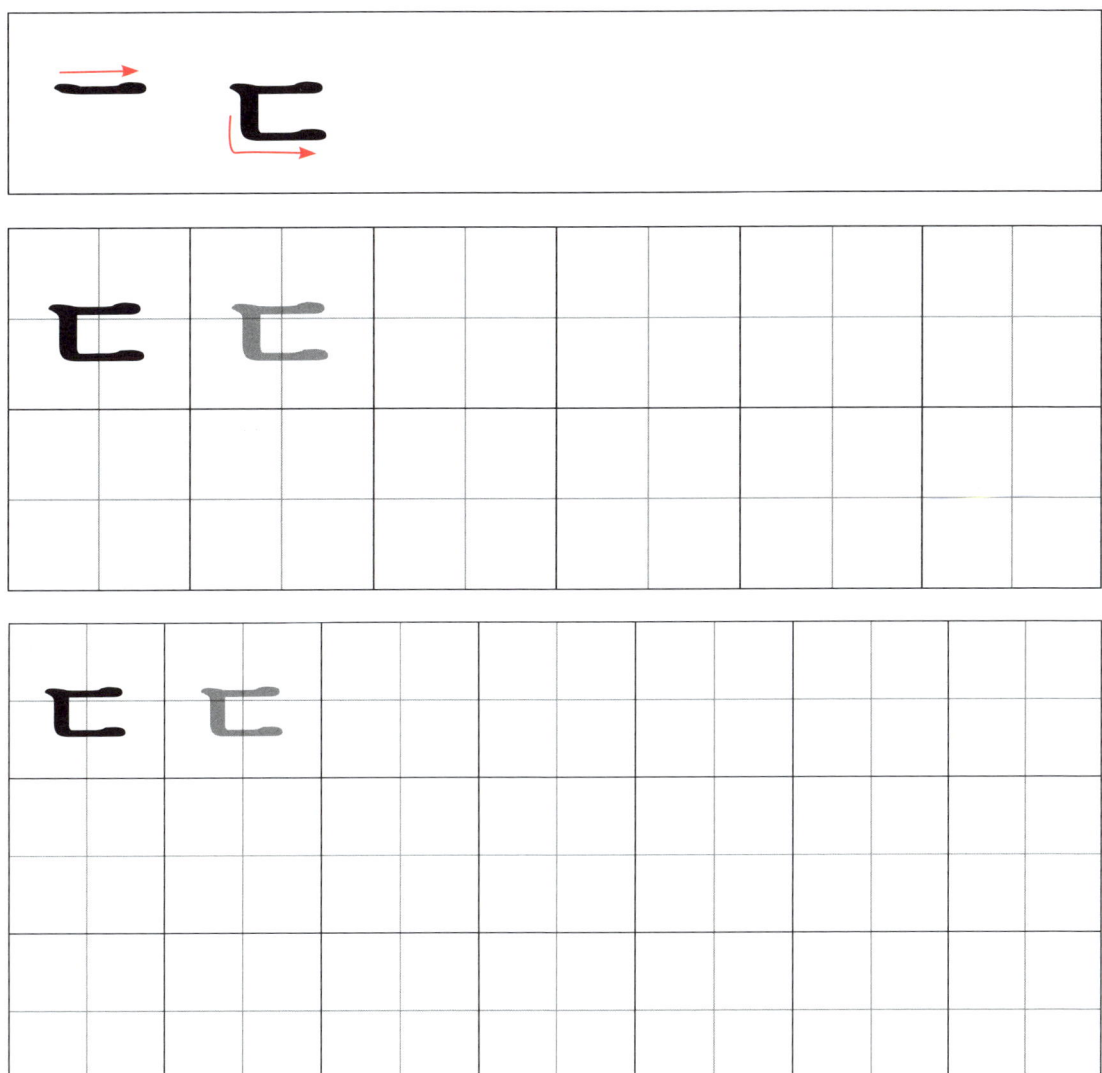

- La consonne ㄷ **d** se trace en deux traits.
- La transcription de cette consonne est **d** mais sa prononciation réelle se situe entre [d] et [t]. On entend plutôt [t] lorsqu'elle est devant la voyelle ㅣ **i**.
- Elle se prononce aussi [ᵗ] (un [t] à peine audible) lorsqu'il s'agit d'une consonne finale dans une syllabe de type CVC, sauf en cas de liaison.

LES CONSONNES

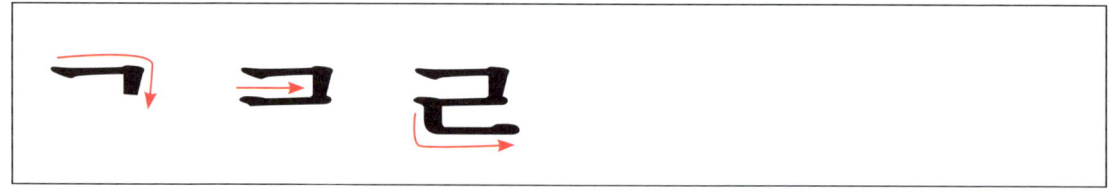

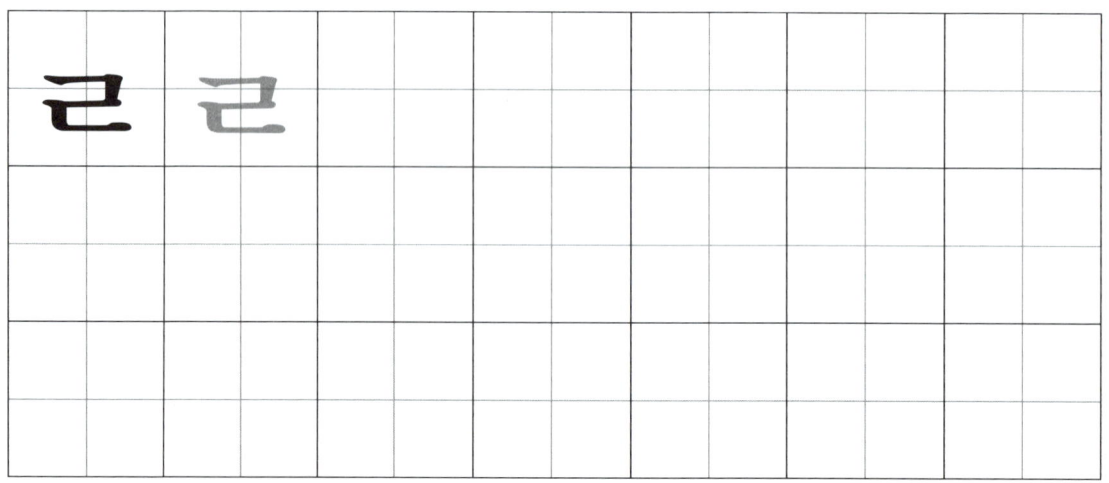

- La consonne ㄹ l se trace en trois traits.
- La transcription de cette consonne est l et sa prononciation réelle est [l]. Mais quand elle se trouve entre deux voyelles, sa prononciation est [R] (un r roulé comme le r anglais ou le r espagnol).

LES CONSONNES

 **m** [m]

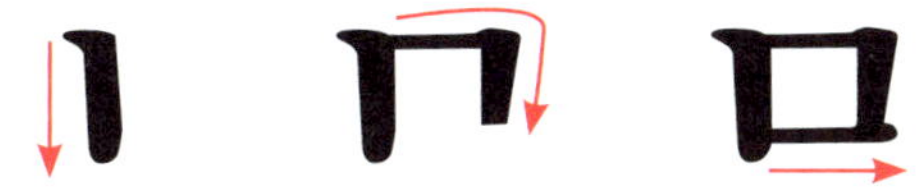

- La consonne ㅁ **m** se trace en trois traits.
- Contrairement à la consonne française, on ouvre tout de suite les lèvres en prononçant cette lettre. On l'entend donc plus aspirée. C'est l'une des particularités des consonnes coréennes.

LES CONSONNES

ㅂ **b** [b], [p] ou [ᵖ]

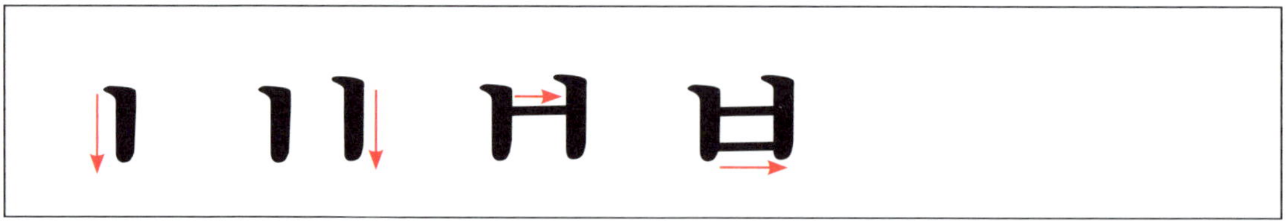

- La consonne ㅂ **b** se trace en quatre traits.
- La transcription de cette consonne est **b** mais sa prononciation réelle se situe entre [b] et [p]. On la prononce plutôt [p] devant la voyelle ㅣ **i**.
- Elle se prononce aussi [ᵖ] (un [p] à peine audible) lorsqu'il s'agit d'une consonne finale dans une syllabe de type CVC, sauf en cas de liaison.

LES CONSONNES

ㅅ **s** [s], [ch] ou [ᵗ]

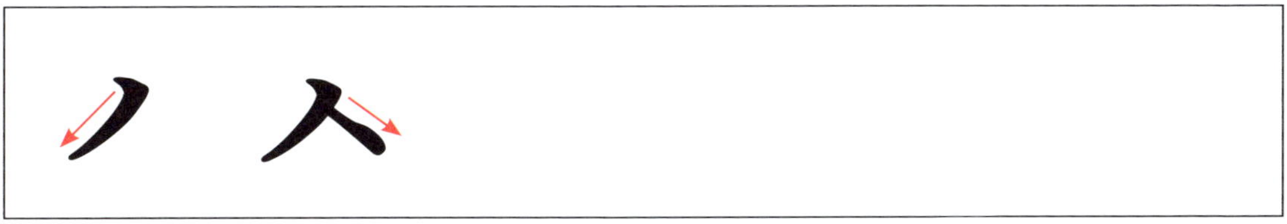

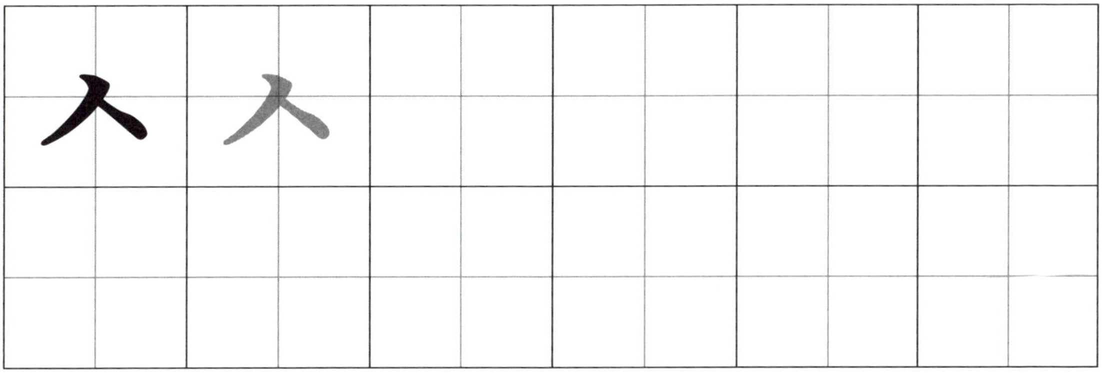

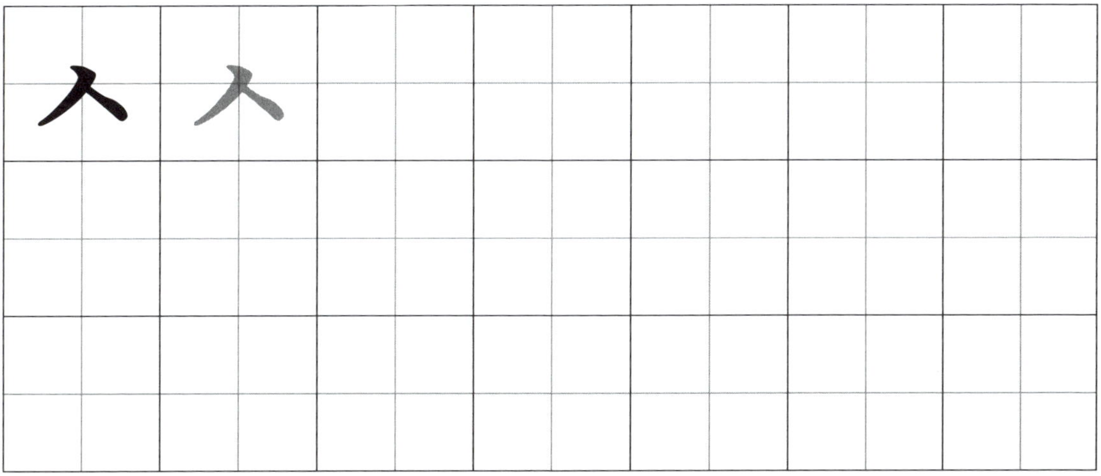

- La consonne ㅅ **s** se trace en deux traits.
- La transcription de cette consonne est **s** mais sa prononciation est [s] ou [ch]. On la prononce comme dans *chaise* lorsqu'elle se trouve devant la voyelle ㅣ **i**.
- Elle se prononce aussi [ᵗ] (un [t] à peine audible) lorsqu'il s'agit d'une consonne finale dans une syllabe de type CVC, sauf en cas de liaison.

LES CONSONNES

◯ ou ng [ø] ou [ng]

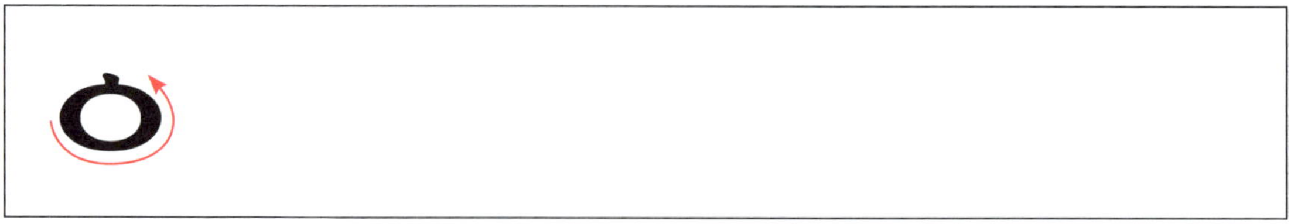

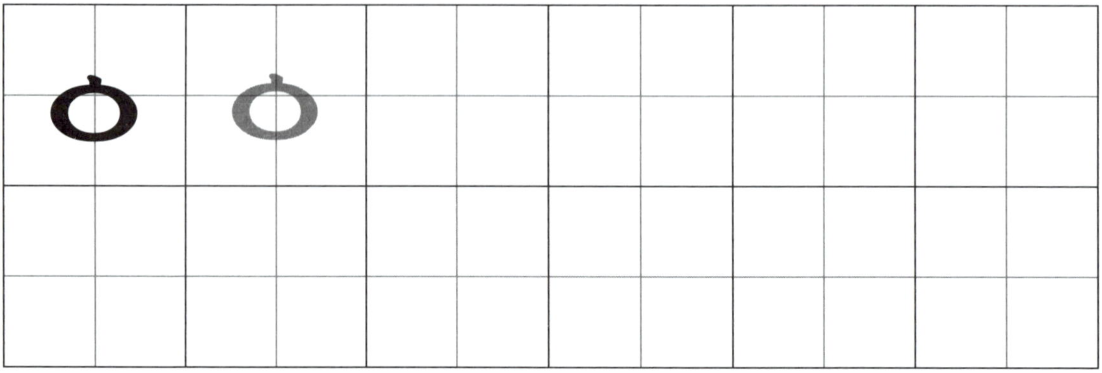

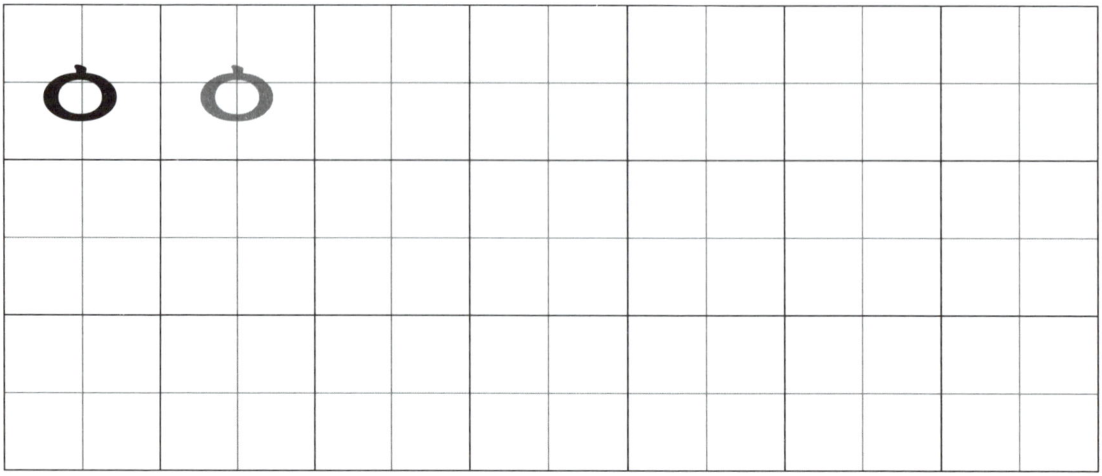

- La consonne ◯ **Ø** ou **ng** se trace en un seul trait.
- La transcription de cette consonne est **Ø** (consonne muette) dans une syllabe de type **C**V.
- Elle se transcrit aussi par **ng**, comme dans *ding-dong* ou le mot anglais *king*, lorsqu'il s'agit d'une consonne finale dans une syllabe de type CV**C**.

LES CONSONNES

 **dj** [dj], [tch] ou [ᵗ]

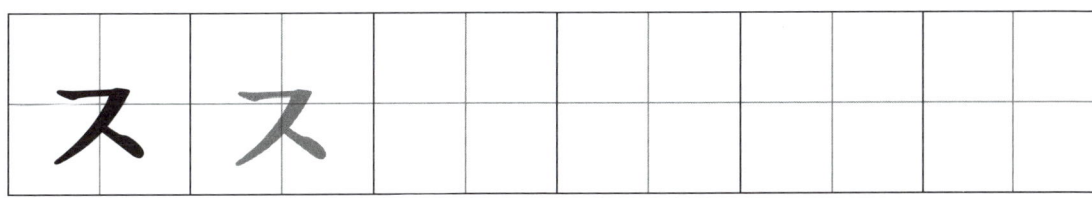

- La consonne ㅈ **dj** se trace soit en deux traits, soit en trois, indifféremment.
- La transcription de cette consonne est **dj** mais sa prononciation se situe entre [dj] et [tch]. Elle se prononce clairement [tch] si elle se trouve devant la voyelle ㅣ i.
- Elle se prononce aussi [ᵗ] (un [t] à peine audible) lorsqu'il s'agit d'une consonne finale dans une syllabe de type CVC, sauf en cas de liaison.

LES CONSONNES

- La consonne ㅊ **tch** se trace soit en trois traits, soit en quatre, indifféremment.
- Le premier petit trait peut être tracé à la verticale ou à l'horizontale.
- C'est une consonne aspirée, on la prononce [tch] comme dans *match*, *tch*in-*tch*in.
- Elle se prononce aussi [ᵗ] (un [t] à peine audible) lorsqu'il s'agit d'une consonne finale dans une syllabe de type CVC, sauf en cas de liaison.

LES CONSONNES

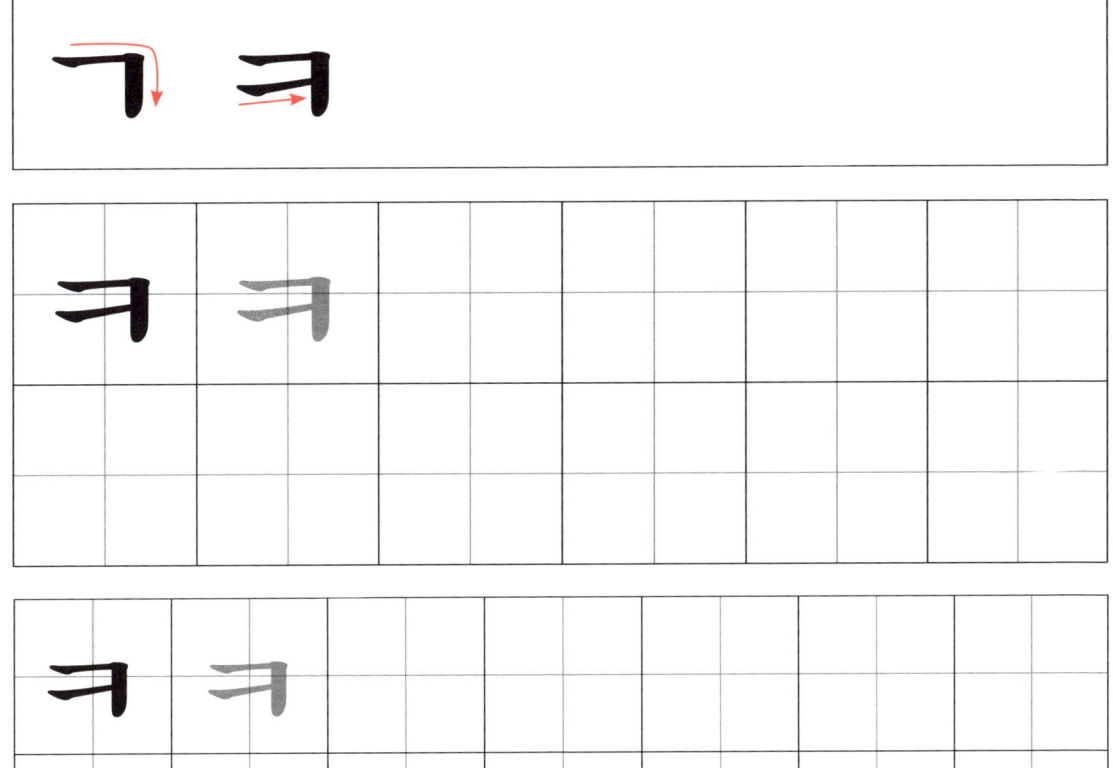

- La consonne ㅋ **k^h** se trace en deux traits.
- Si une voyelle est située à sa droite, son trait vertical devient légèrement courbé : ㅋ.
- La transcription de cette consonne est **k^h** ([k] très aspiré comme dans les mots anglais *king* ou *kind*).
- Elle se prononce aussi [k] (un [k] à peine audible) lorsqu'il s'agit d'une consonne finale dans une syllabe de type CVC, sauf en cas de liaison.

- La consonne ᴇ **tʰ** se trace en trois traits.
- La transcription de cette consonne est **tʰ** (un [t] très aspiré comme dans les mots anglais *time* ou *take*).
- Elle se prononce aussi [ᵗ] (un [t] à peine audible) lorsqu'il s'agit d'une consonne finale dans une syllabe de type CVC, sauf en cas de liaison.

LES CONSONNES

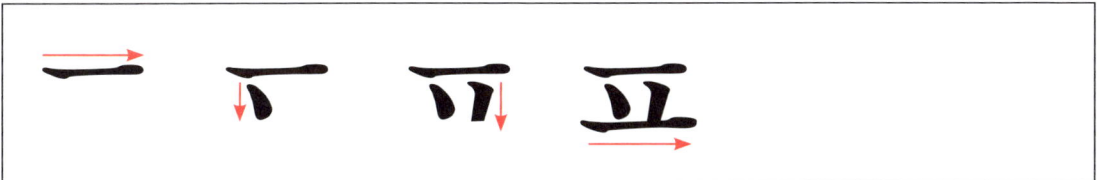

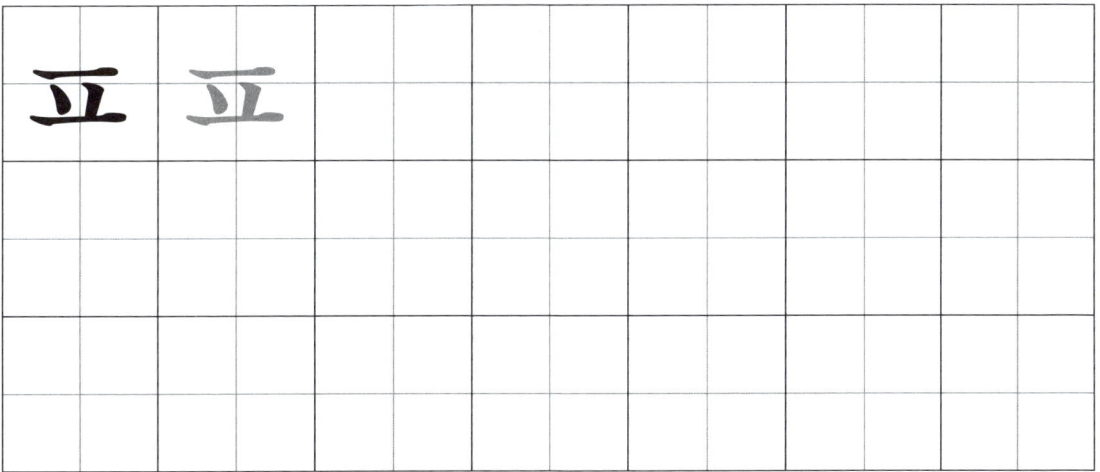

- La consonne ㅍ **pʰ** se trace en quatre traits.
- La transcription de cette consonne est **pʰ** (un [p] très aspiré comme dans l'anglais *pig* et *pen*).
- Elle se prononce aussi [ᵖ] (un [p] à peine audible) lorsqu'il s'agit d'une consonne finale dans une syllabe de type CVC, sauf en cas de liaison.

LES CONSONNES

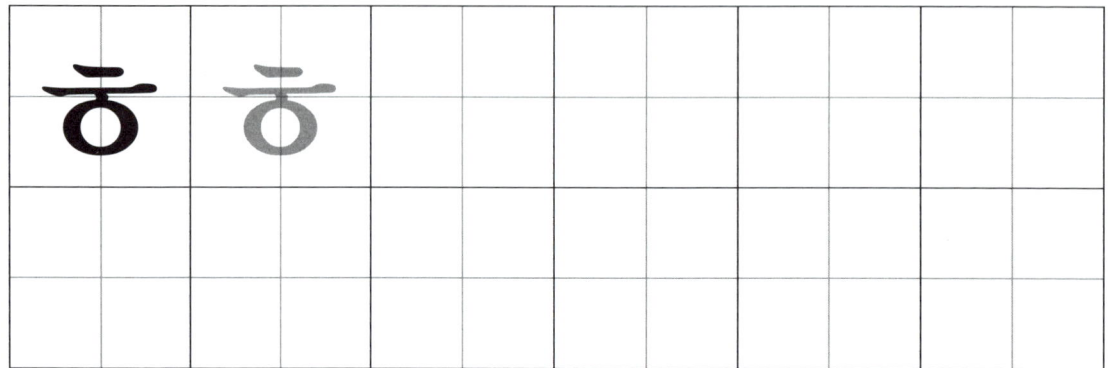

- La consonne ㅎ h se trace en trois traits. Le premier petit trait peut être soit à la verticale, soit à l'horizontale.

- La transcription de cette consonne est **h** mais sa prononciation est similaire au [h] très aspiré des mots anglais *hello* ou *hi*. On indiquera donc [H] pour sa prononciation, pour ne pas oublier de l'aspirer.

- Elle se prononce aussi [ᵗ] (un [t] à peine audible) lorsqu'il s'agit d'une consonne finale dans une syllabe de type CVC, sauf en cas de liaison.

LES CONSONNES

ㄲ kk [kk] ou [ᵏ]

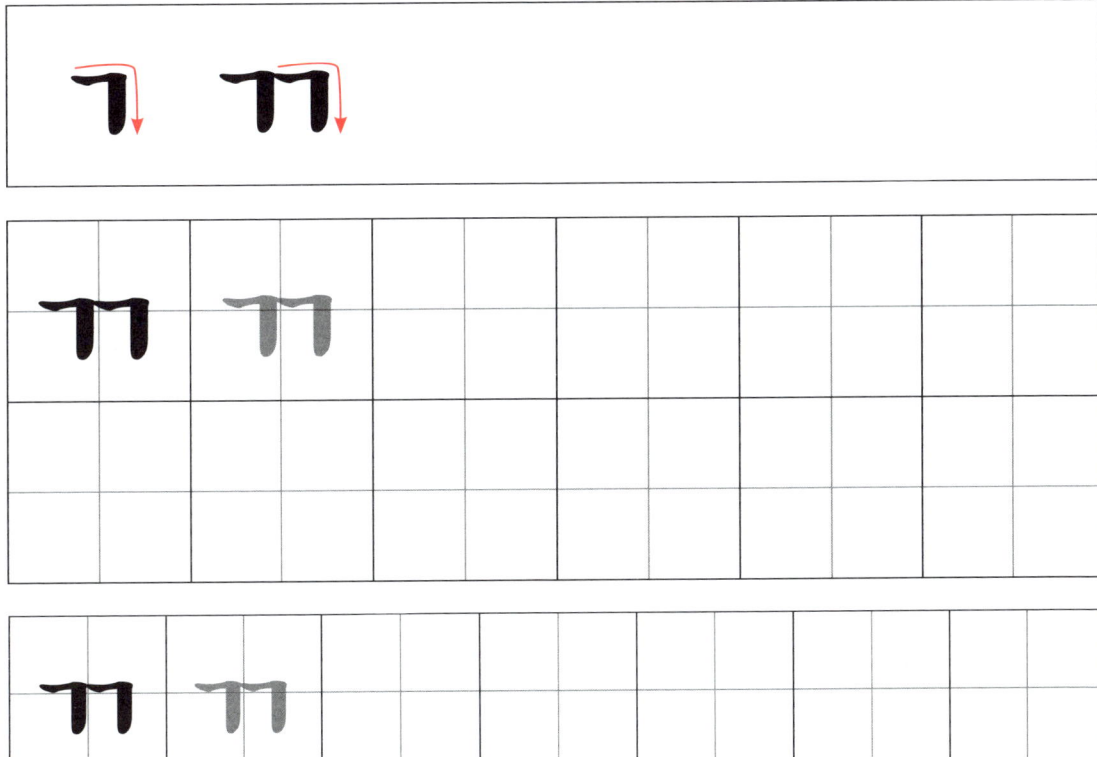

- La consonne double ㄲ **kk** se trace en deux traits. C'est la version doublée de ㄱ **g**.
- La transcription de cette consonne est **kk**. Sa prononciation est dure, sèche, rigide et tendue, un peu comme dans *baccalauréat*, ou comme quand on prononce rapidement les deux mots suivants à la suite : *sac couleur*. Voici une astuce pour prononcer correctement toutes les consonnes doublées : inspirez et marquez une pause, puis expirez légèrement.
- Elle se prononce aussi comme un petit [ᵏ] (un [k] à peine audible) lorsqu'il s'agit de la consonne finale dans une syllabe de type CVC, sauf en cas de liaison.

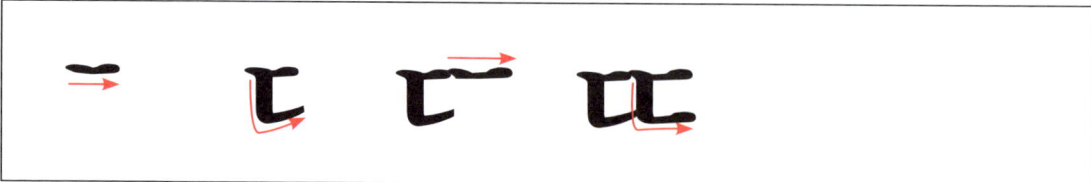

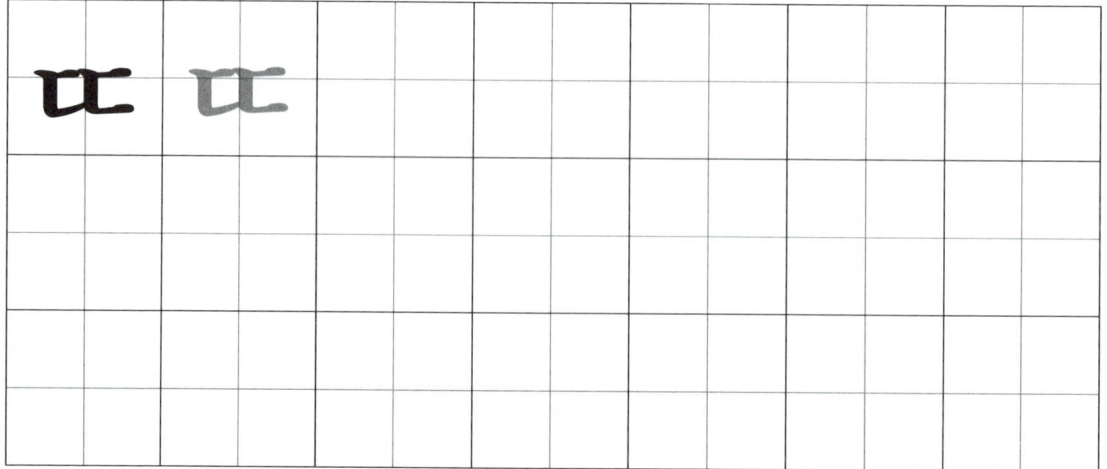

- La consonne double ㄸ **tt** se trace en quatre traits. C'est la version doublée de ㄷ **d**.
- La transcription de cette consonne est **tt**. Sa prononciation est dure comme dans *actant* ou *admettons*.

ㅃ pp

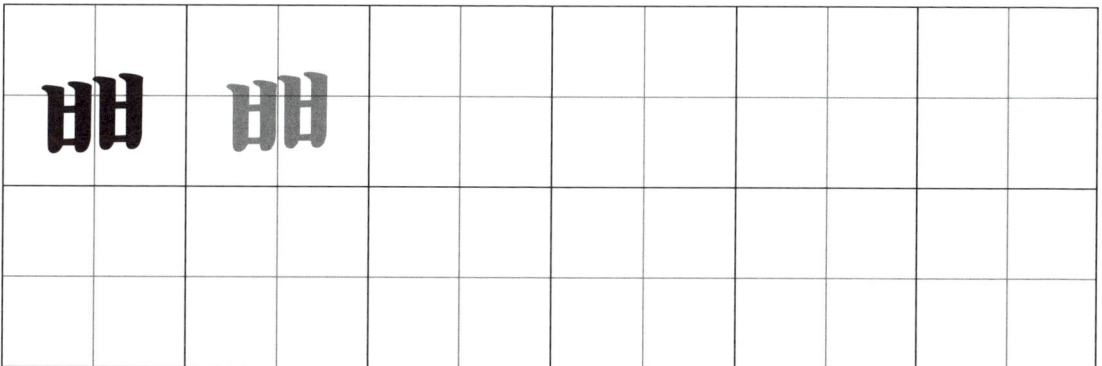

- La consonne double ㅃ **pp** se trace en huit traits. C'est la version doublée de ㅂ **b**.
- La transcription de cette consonne est **pp**. Sa prononciation est dure comme dans *Hippocrate, cappuccino*.

LES CONSONNES

ㅆ ss [ss], [ch] ou [ᵗ]

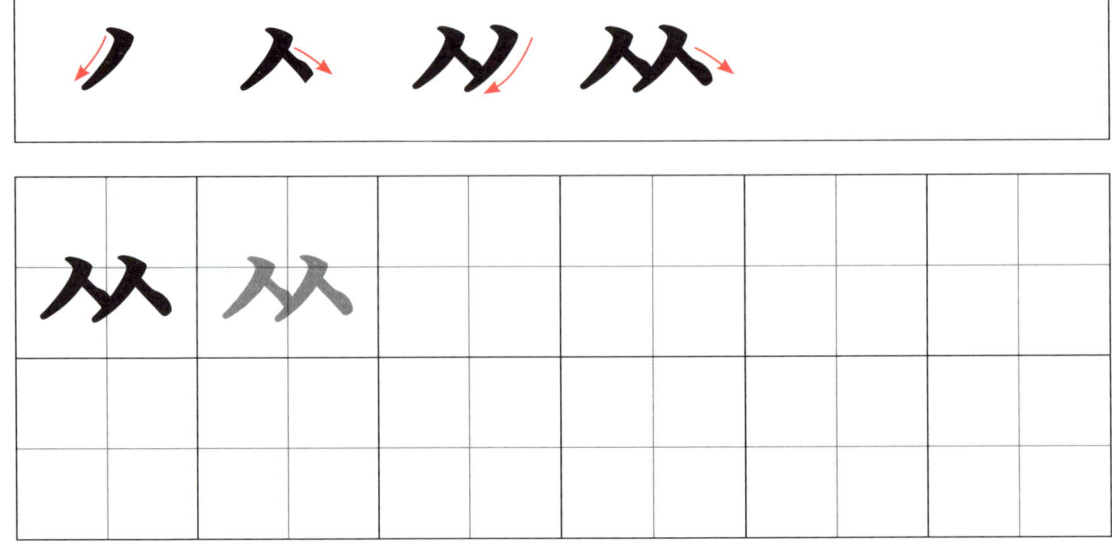

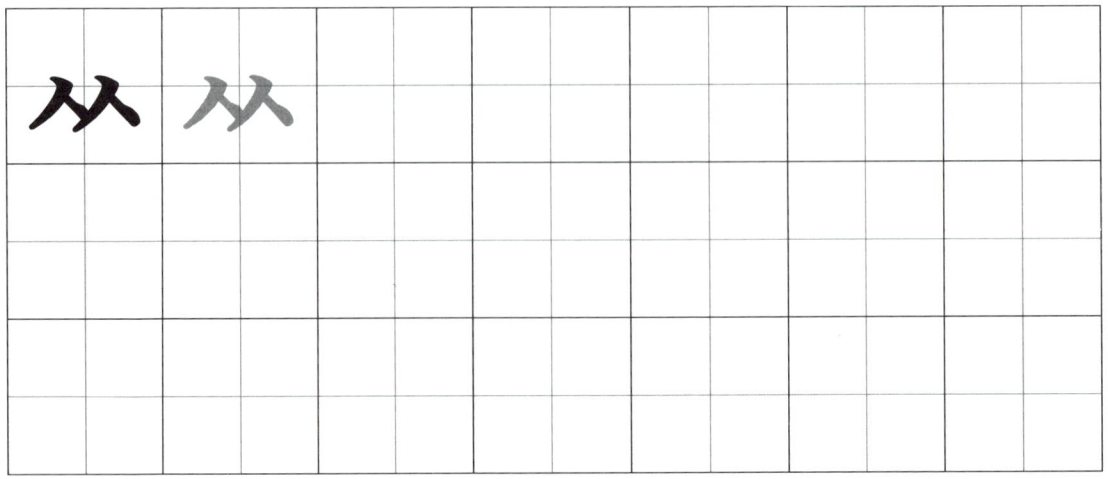

- La consonne double ㅆ **ss** se trace en quatre traits. C'est la version doublée de ㅅ **s**.
- La transcription de cette consonne est **ss**. Sa prononciation est dure comme dans *sac*, *seau* ou *association*. Devant la voyelle ㅣ **i**, elle se prononce plutôt [ch].
- Elle se prononce aussi comme un petit [ᵗ] (un [t] à peine audible) lorsqu'il s'agit de la consonne finale dans une syllabe de type CVC, sauf en cas de liaison.

LES CONSONNES

ㅉ **ts** [ts]

- La consonne double ㅉ **ts** se trace soit en quatre traits, soit en six. C'est la version doublée de ㅈ **dj**.
- Elle est difficile à transcrire parce qu'il n'existe pas de son équivalent en français. On la notera **ts**. Sa prononciation est dure, un peu comme dans *tsigane*, *tsarisme* ou *Tsonga*. Rappelez-vous l'astuce de la prononciation des consonnes doublées (page 23).

TABLEAU RÉCAPITULATIF

Tableau récapitulatif des consonnes

hangeul	transcription	prononciation réelle selon la position dans une syllabe		
		consonne initiale <u>C</u>V	devant la voyelle ㅣ i	consonne finale CV<u>C</u>
ㄱ*	g	entre [g] et [k]	[k]	[ᵏ]
ㄴ	n	[n]		
ㄷ*	d	entre [d] et [t]	[t]	[ᵗ]
ㄹ	l	[l] ou [R] (r roulé entre les deux voyelles)		
ㅁ*	m	[m]		
ㅂ*	b	entre [b] et [p]	[p]	[ᵖ]
ㅅ	s	[s]	[ch]	[ᵗ]
ㅇ	muet ou ng	muet		[ng]
ㅈ*	dj	entre [dj] et [tch]	[tch]	[ᵗ]
ㅊ**	tch	[tch]		[ᵗ]
ㅋ**	kʰ	[kʰ]		[ᵏ]
ㅌ**	tʰ	[tʰ]		[ᵗ]
ㅍ**	pʰ	[pʰ]		[ᵖ]
ㅎ**	h	[H] (aspiré)		[ᵗ]
ㄲ***	kk	[kk]		[ᵏ]
ㄸ***	tt	[tt]		pas employé
ㅃ***	pp	[pp]		pas employé
ㅆ***	ss	[ss]	[ch]	[ᵗ]
ㅉ***	ts	[ts]		pas employé

* Ces consonnes coréennes sont naturellement plus aspirées que les consonnes françaises.

** Ces consonnes se prononcent comme en anglais, c'est-à-dire qu'elles sont vraiment aspirées.

*** Ces consonnes se prononcent avec un blocage juste avant de les prononcer. Rappelez-vous l'astuce de la prononciation des consonnes doublées (page 23).

Sauf en cas de liaison, seules sept sons sont prononcés en consonne finale : [n], [l], [m], [ng], [ᵏ], [ᵗ] et [ᵖ].

Les voyelles

- La voyelle ㅏ a se trace en deux traits et se place à droite d'une consonne.
- La transcription de cette consonne est **a** et elle se prononce comme en français.

LES VOYELLES

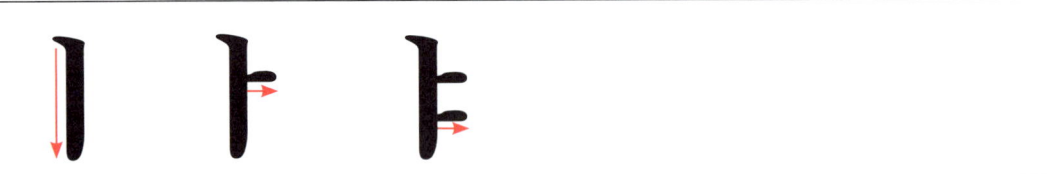

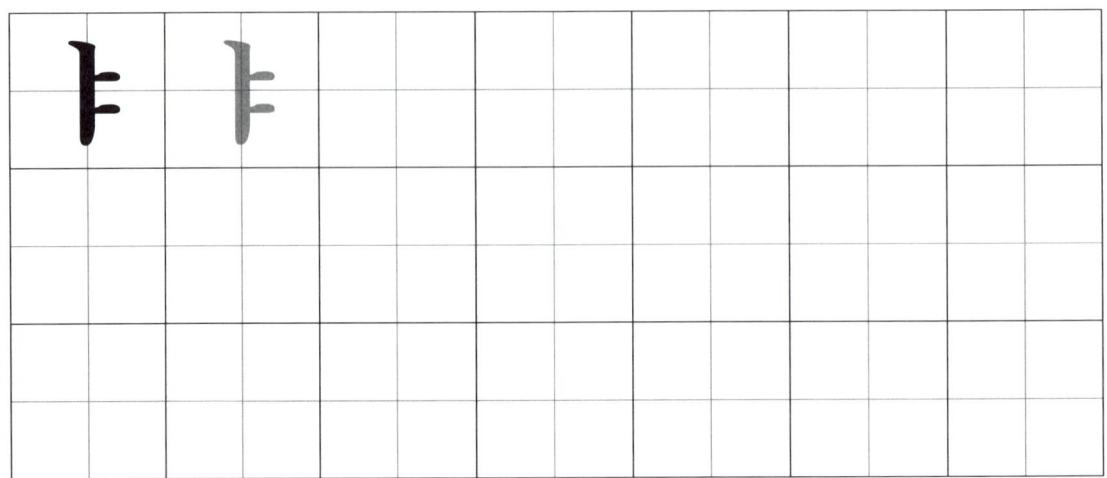

- La voyelle ㅑ **ya** se trace en trois traits et se place à droite d'une consonne.
- Elle est l'association de ㅣ **i** et de ㅏ **a**.
- Elle se prononce comme dans *Yannick*.

LES VOYELLES

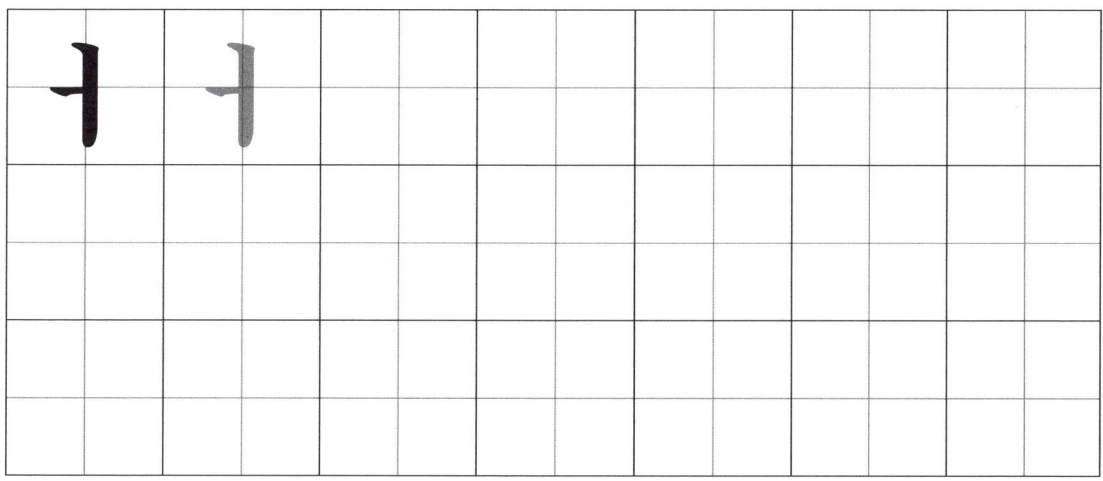

- La voyelle ㅓ **o** se trace en deux traits et se place à droite d'une consonne.
- Elle se prononce en **o** ouvert comme dans *or*, mais il faut ouvrir davantage les lèvres qu'en français. C'est pour cette raison qu'on l'appelle « **o** ouvert ».

LES VOYELLES

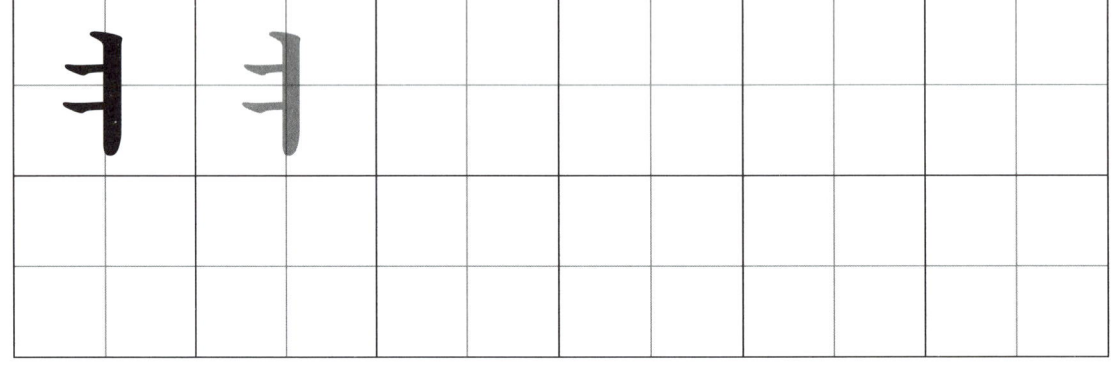

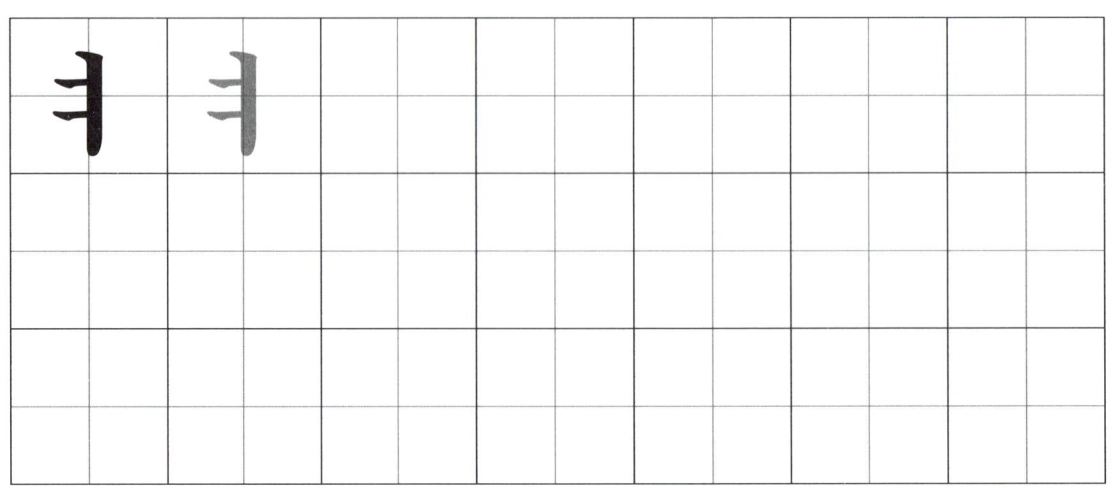

- La voyelle ㅕ **yo** se trace en trois traits et se place à droite d'une consonne.
- Elle est l'association de ㅣ **i** et de ㅓ **o**.
- Elle se prononce comme dans *myope*, mais avec les lèvres plus ouvertes.

LES VOYELLES

ㅗ ô [ô]

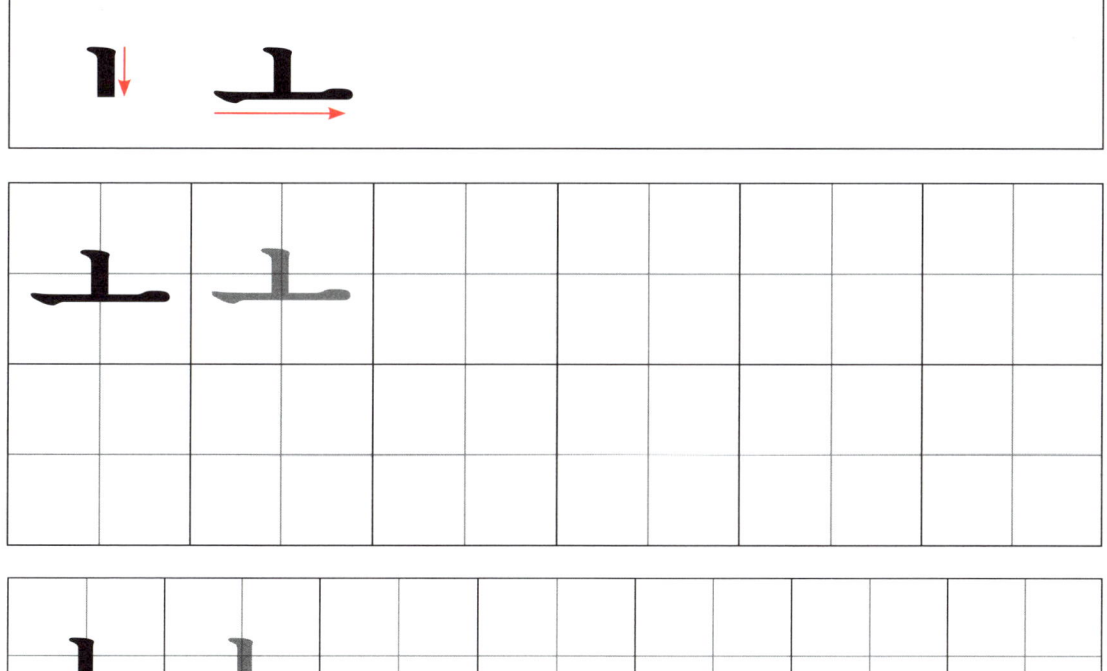

- La voyelle ㅗ ô se trace en deux traits et se place en dessous d'une consonne.
- Elle se prononce en ô bien fermé comme dans *eau*, *côte*, *hôte* ou *nôtre*.

LES VOYELLES

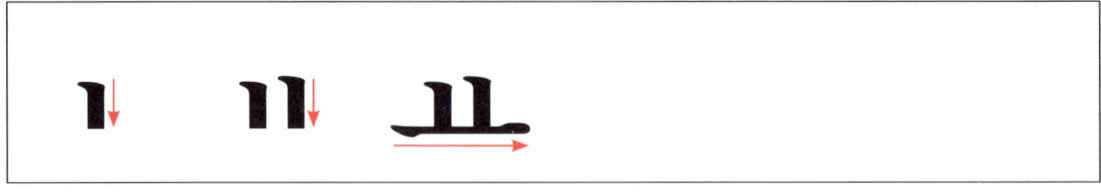

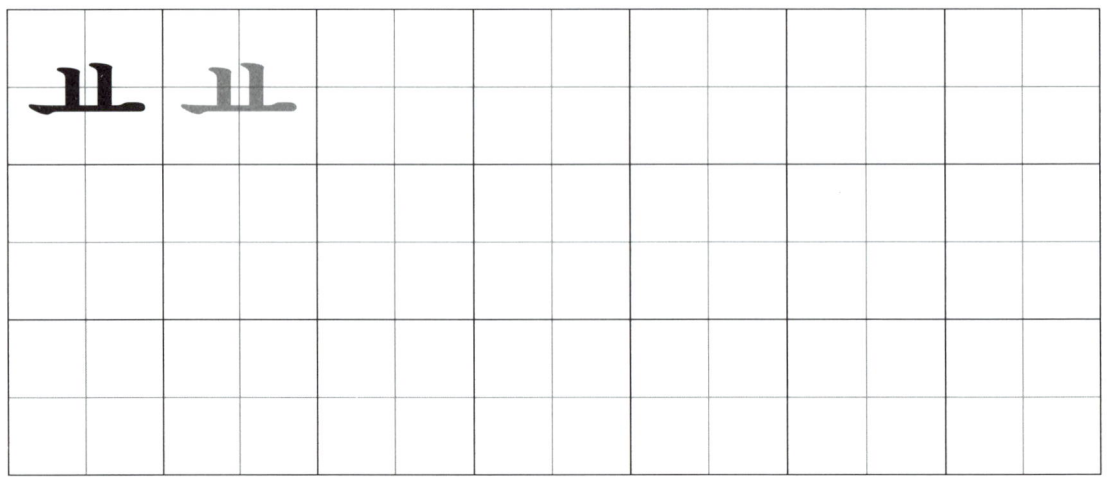

- La voyelle ㅛ **yô** se trace en trois traits et se place en dessous d'une consonne.
- Elle est l'association de ㅣ **i** et de ㅗ **ô**.
- Elle se prononce bien arrondie comme dans **yo-yo** ou *Guillaume*.

LES VOYELLES

ㅜ **ou** [ou]

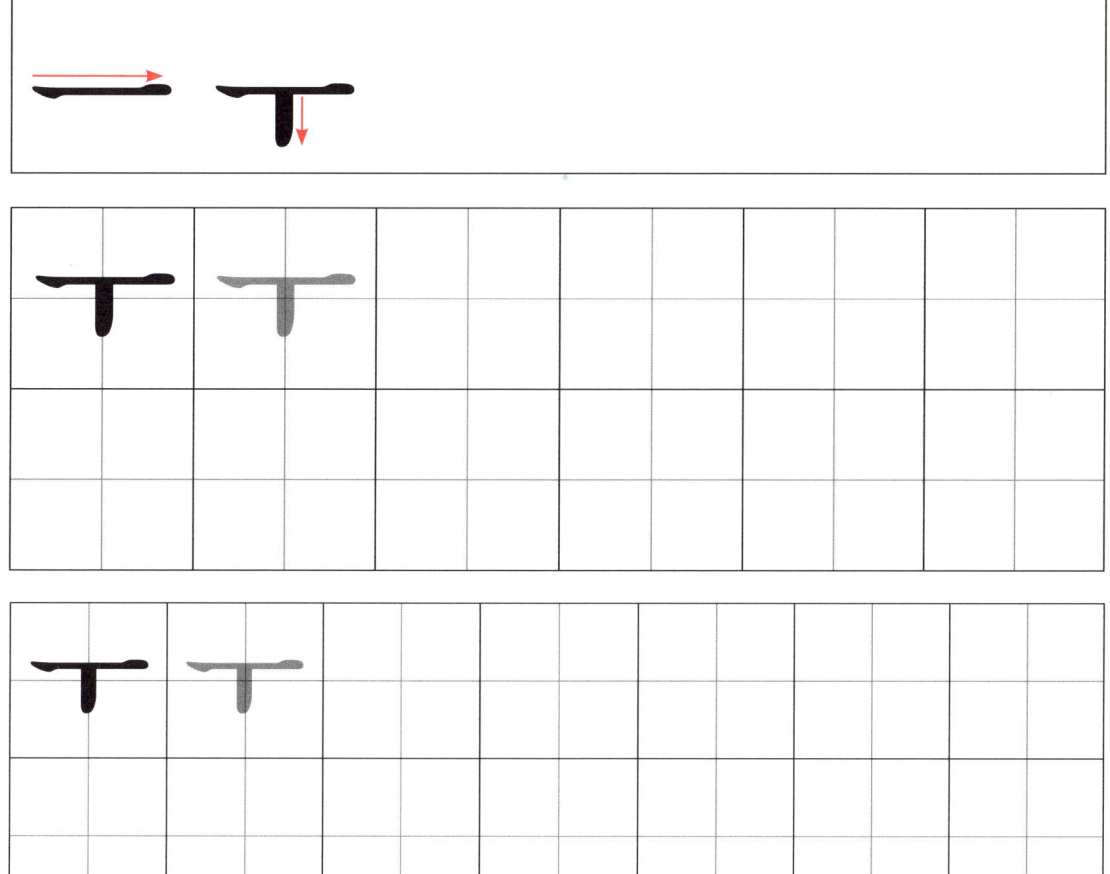

- La voyelle ㅜ ou se trace en deux traits et se place en dessous d'une consonne.
- Elle se prononce comme dans *ou*blier ou *ou*til.

LES VOYELLES

ㅠ you [you]

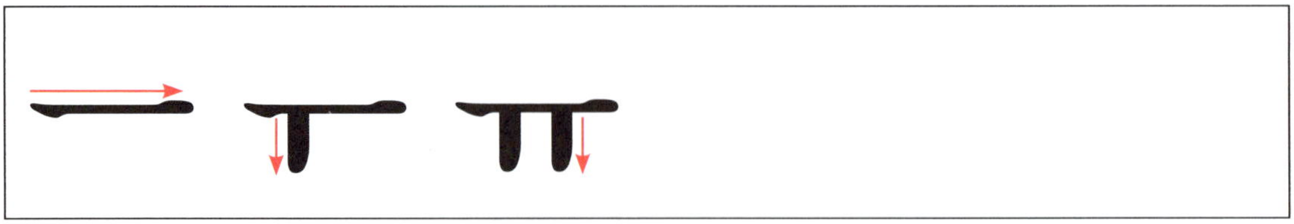

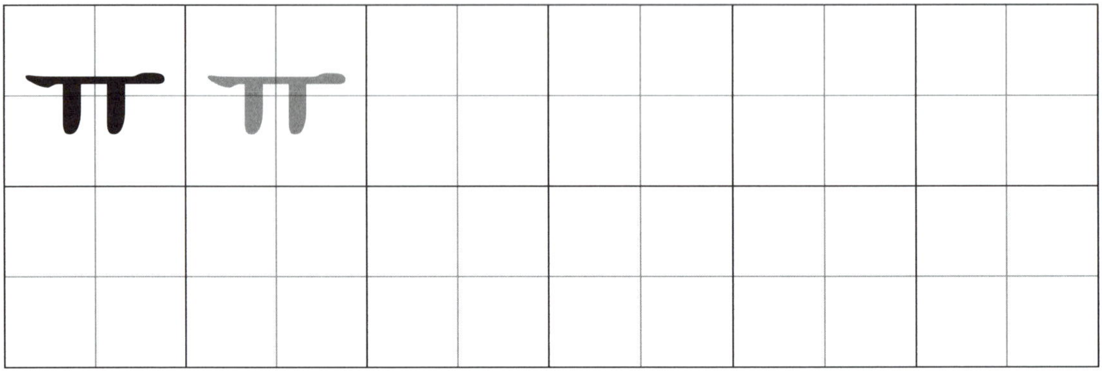

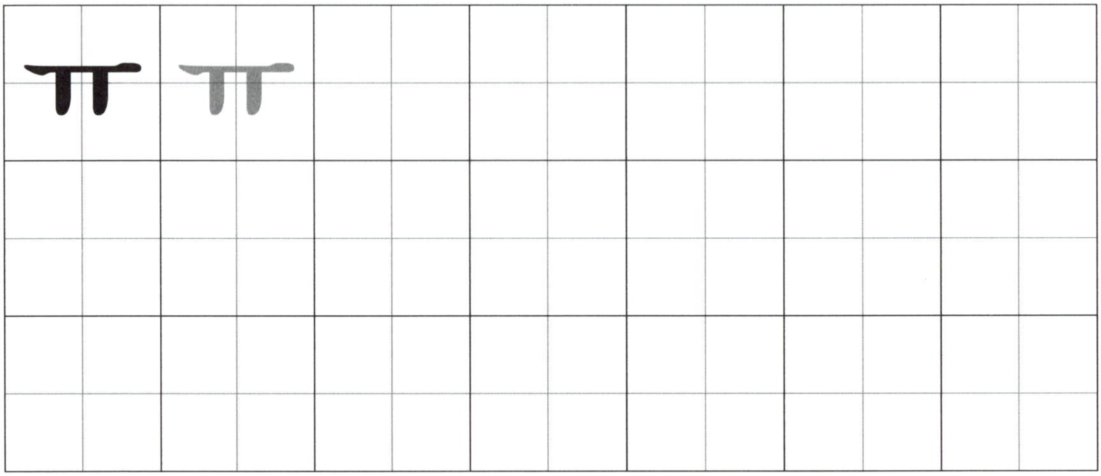

- La voyelle **ㅠ you** se trace en trois traits et se place en dessous d'une consonne.
- Elle est l'association de **ㅣ i** et de **ㅜ ou**.
- Elle se prononce comme dans *you*pi.

LES VOYELLES

eu [eu]

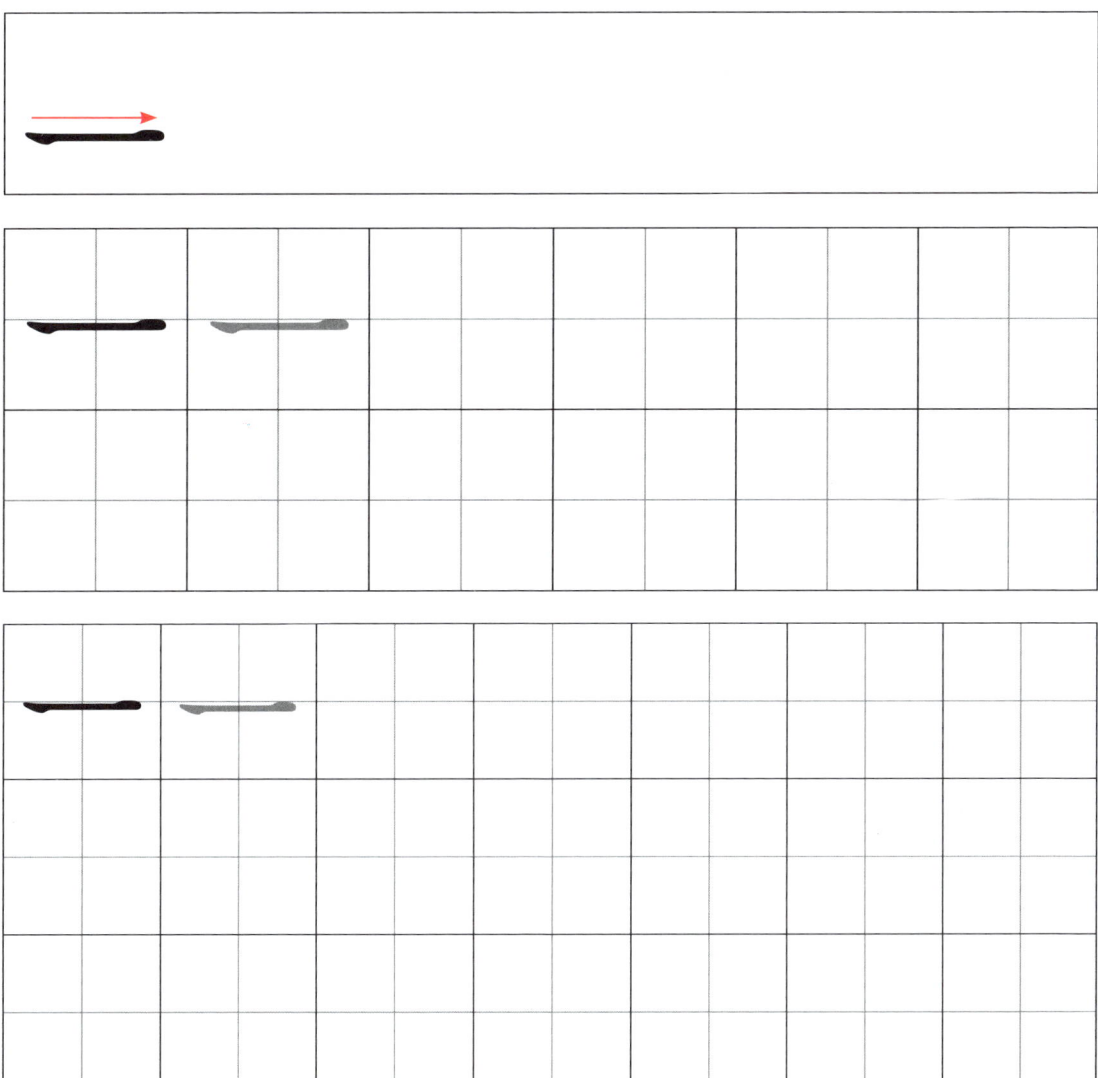

- La voyelle — **eu** se trace en un trait et se place en dessous d'une consonne.
- Elle se prononce comme dans *Matthieu* ou *euphorie* mais attention ! ce n'est pas tout à fait le même son, il faut étirer davantage les lèvres latéralement.

LES VOYELLES

 i [i]

- La voyelle **ا** **i** se trace en un seul trait et se place à droite d'une consonne. Cette voyelle, comme nous l'avons évoqué précédemment, modifie la prononciation de la consonne qui la précède.
- Elle se prononce comme dans *ami, écriture*.

LES VOYELLES

ㅐ è [è]

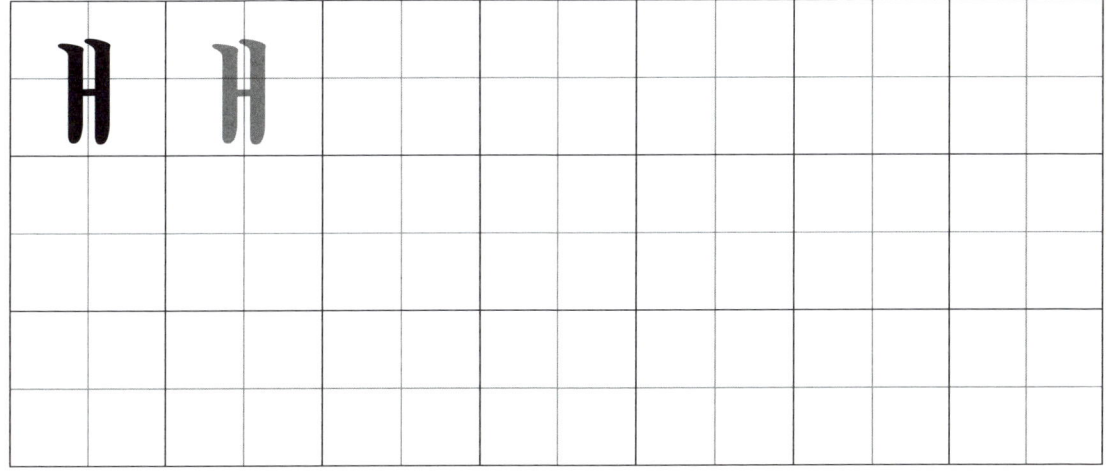

- La voyelle ㅐ è se trace en trois traits et se place à droite d'une consonne.
- Elle se prononce comme dans *maison*, *mère*.

LES VOYELLES

 yè [yè]

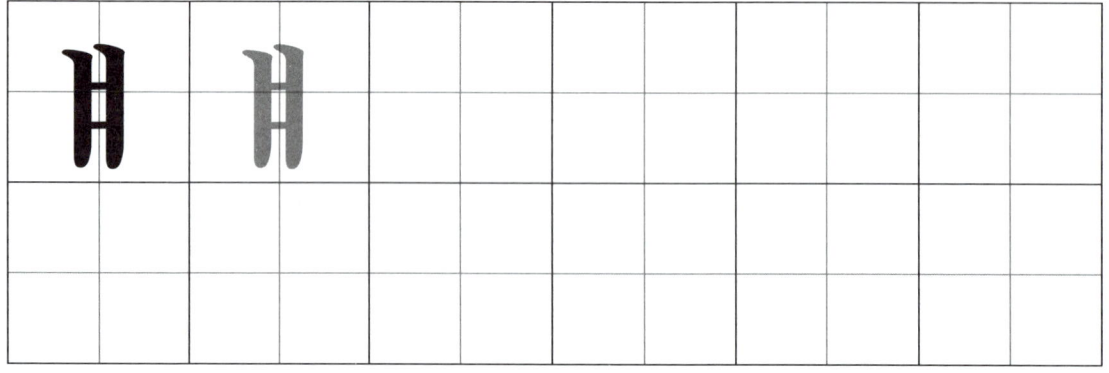

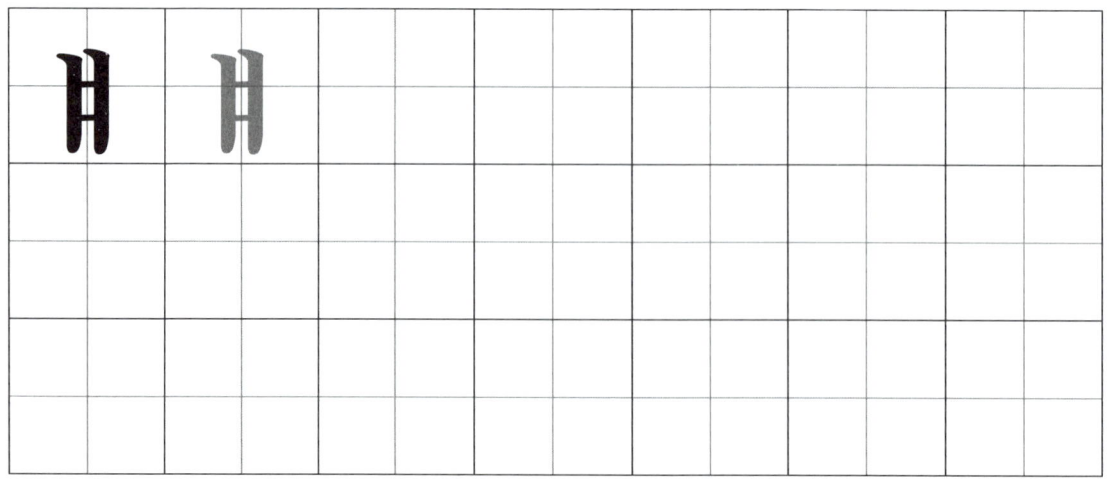

- La voyelle ㅒ **yè** se trace en quatre traits et se place à droite d'une consonne.
- Elle est l'association de ㅣ **i** et de ㅐ **è**.
- Elle se prononce comme dans *hyène* ou *hygiène*.

LES VOYELLES

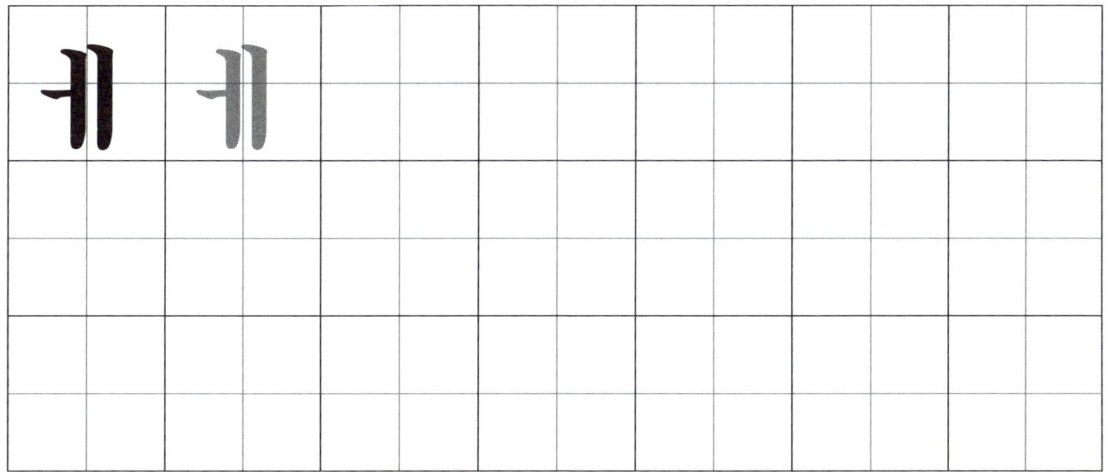

- La voyelle ㅔ **é** se trace en trois traits et se place à droite d'une consonne.
- Elle se prononce comme dans a**é**roport ou d**é**pêcher.

**LES VOYELLES**

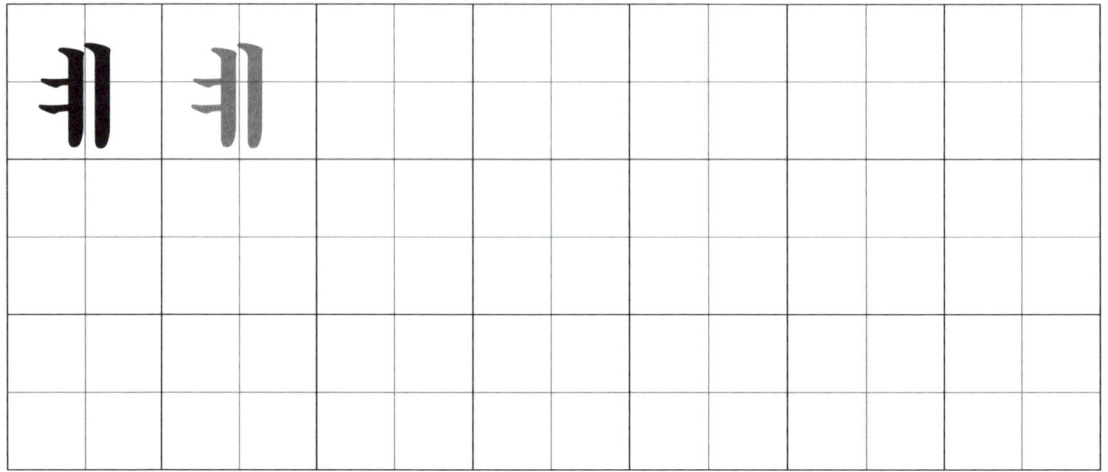

- La voyelle ㅖ **yé** se trace en quatre traits et se place à droite d'une consonne.
- Elle est l'association de ㅣ **i** et de ㅔ **é**.
- Elle se prononce comme dans *hygiénique* ou *pied*.

LES VOYELLES

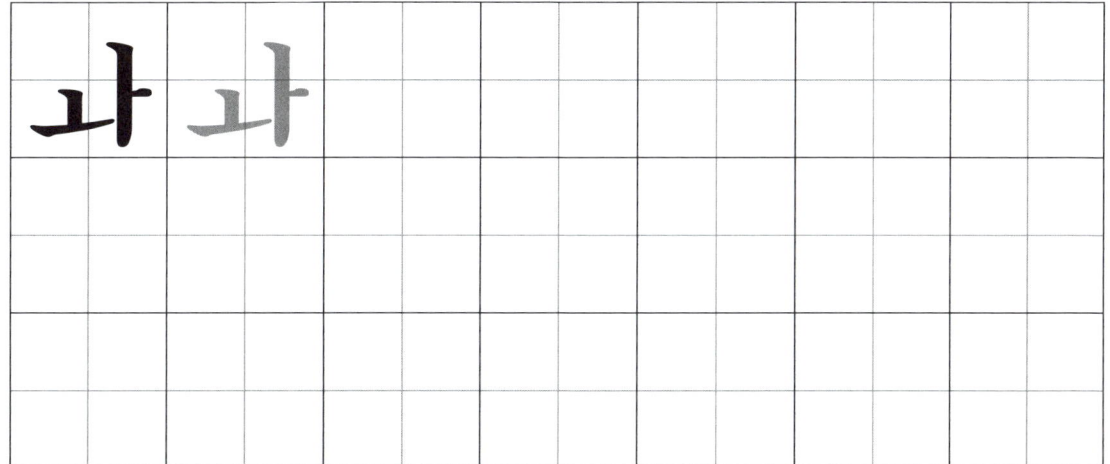

- La voyelle 과 **wa** se trace en quatre traits et se lie avec une consonne comme dans les exemples des pages 61 et 62.
- Elle est l'association de ㅗ **ô** et de ㅏ **a**, qu'il faut prononcer à la suite rapidement.
- Elle se prononce comme dans *moi* ou *boire*.

LES VOYELLES

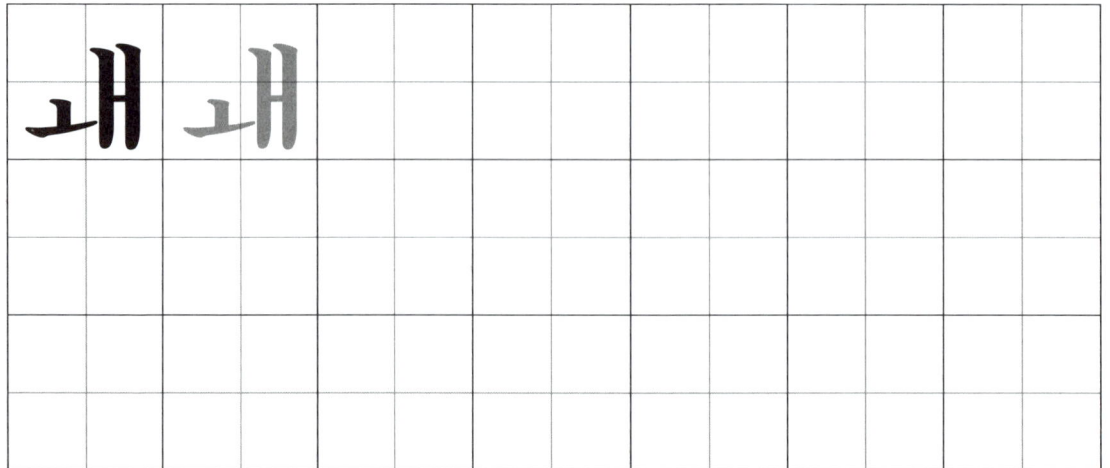

- La voyelle ㅙ **wè** se trace en cinq traits et se lie avec une consonne comme dans les exemples des pages 61 et 62.
- Elle est l'association de ㅗ **ô** et de ㅐ **è**.
- Elle se prononce comme dans *web* ou *ouais*.

LES VOYELLES

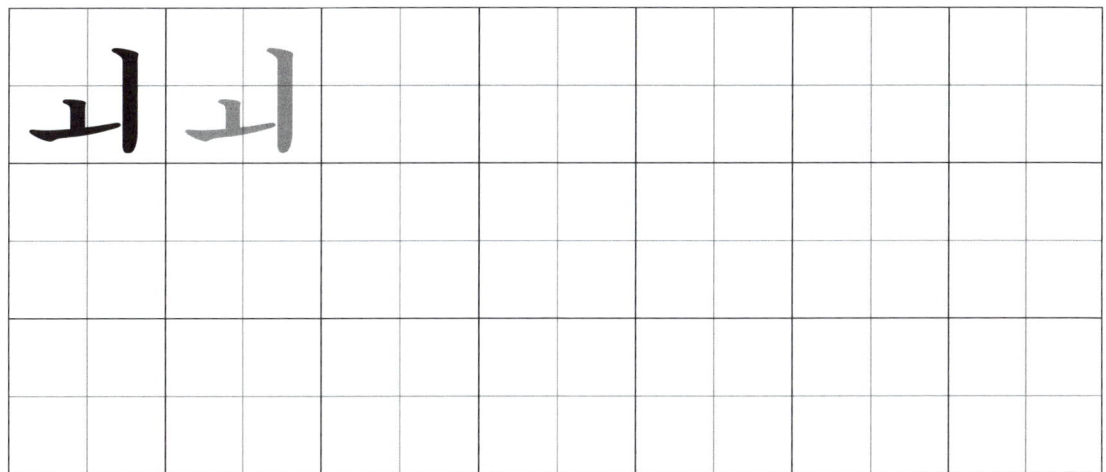

- La voyelle ㅚ **wé** se trace en trois traits et se lie avec une consonne comme dans les exemples des pages 61 et 62.
- Elle a beau être l'association de ㅗ **ô** et de ㅣ **i**, sa prononciation est, exceptionnellement, [wé].
- Elle se prononce comme dans *bouée* ou *doué*.

LES VOYELLES

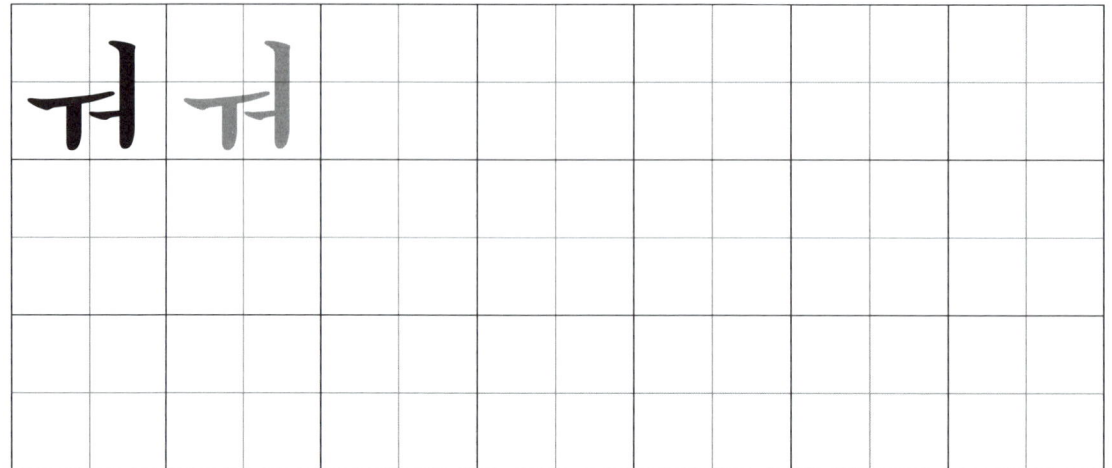

- La voyelle ㅝ **wo** se trace en quatre traits et se lie avec une consonne comme dans les exemples des pages 61 et 62.
- Elle est l'association de ㅜ **ou** et de ㅓ **o**.
- Elle se prononce comme dans le mot anglais *wo*man.

LES VOYELLES

- La voyelle ㅞ **wé** se trace en cinq traits et se lie avec une consonne comme dans les exemples des pages 61 et 62.
- Elle est l'association de ㅜ **ou** et de ㅔ **é**.
- Elle se prononce de la même façon que ㅚ **wé**, c'est-à-dire comme dans *bouée* ou *doué*.

**LES VOYELLES**

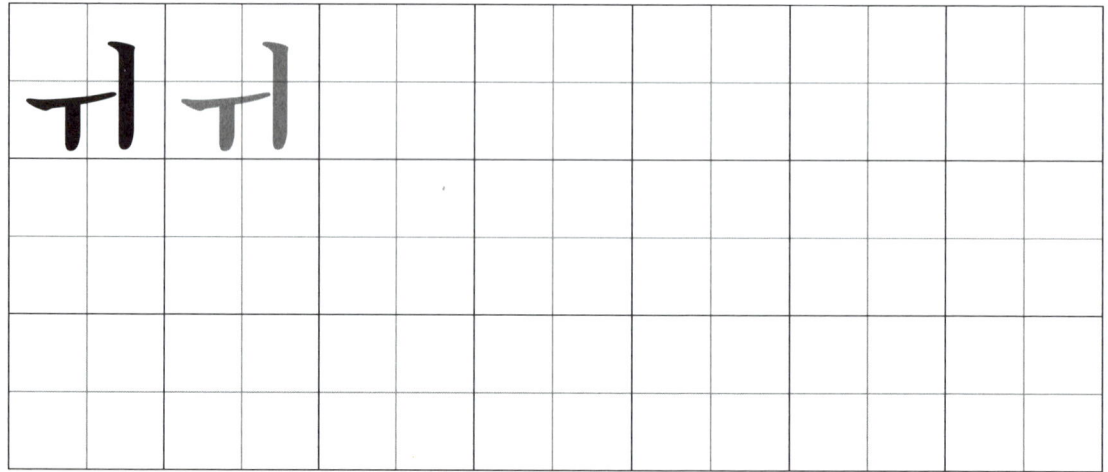

- La voyelle ㅟ **wi** se trace en trois traits et se lie avec une consonne comme dans les exemples des pages 61 et 62.
- Elle est l'association de ㅜ **ou** et de ㅣ **i**.
- Elle se prononce comme dans *oui* ou *kiwi*.

LES VOYELLES

ㅢ **eui** [eui]

- La voyelle ㅢ **eui** se trace en deux traits.
- Elle est l'association de ㅡ **eu** et de ㅣ **i**, qu'il faut prononcer à la suite rapidement.
- Elle se prononce comme dans *bleuir* mais avec les joues plus étirées.

TABLEAU RÉCAPITULATIF

Tableau récapitulatif des voyelles

hangeul	transcription	prononciation réelle
ㅏ	a	
ㅑ	ya	
ㅓ	o	[o] mais bien ouvert
ㅕ	yo	[yo] mais bien ouvert
ㅗ	ô	[ô] mais bien arrondi
ㅛ	yô	[yô] mais bien arrondi
ㅜ	ou	
ㅠ	you	
ㅡ	eu	[eu] mais bien étiré (si c'est trop difficile, prononcez en serrant les dents)
ㅣ	i	
ㅐ*	è	
ㅒ**	yè	
ㅔ*	é	
ㅖ**	yé	
ㅘ	wa	[ô] + [a] rapidement
ㅙ***	wè	[ô] + [è] rapidement
ㅚ***	wé	[ô] + [é] rapidement
ㅝ	wo	[ou] + [o] rapidement
ㅞ***	wé	[ou] + [é] rapidement
ㅟ	wi	[ou] + [i] rapidement
ㅢ	eui	[eu] étiré et [i] presque simultanément

y et **w** sont très légers.
* En coréen moderne, on n'entend pas très distinctement la différence entre les sons **è** et **é**.
** En coréen moderne, on n'entend pas très distinctement la différence entre les sons **yè** et **yé**.
*** En coréen moderne, on n'entend pas très distinctement la différence entre les sons **wè**, **wé** et **wé**.

Les combinaisons d'une syllabe
Type CV (consonne + voyelle)

 a-i [a-i], *enfant*

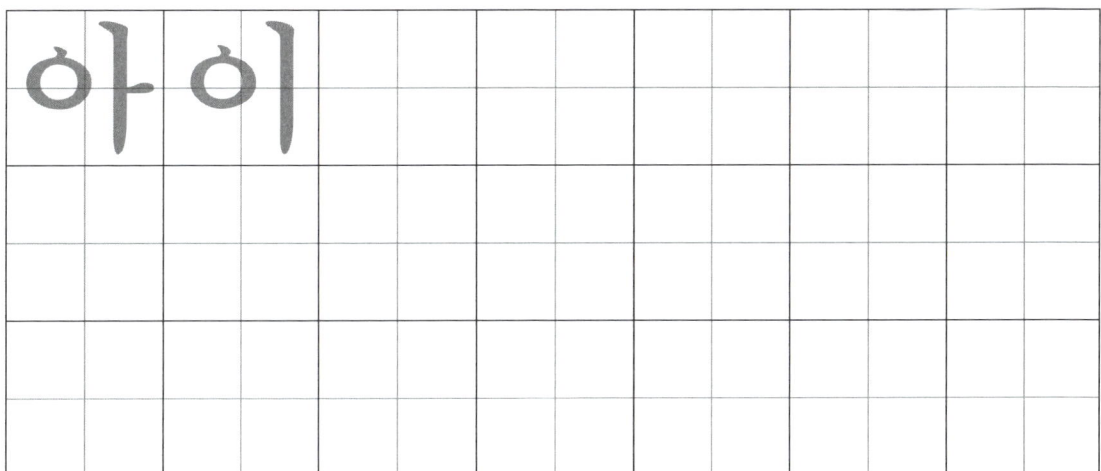

- Le mot *enfant* est composé de deux syllabes de type CV.
- Même si l'on n'entend pas de consonne, il faut ajouter la consonne muette ㅇ au début. En effet, à l'écrit, une syllabe doit obligatoirement commencer par une consonne.
- Les voyelles qui sont composées d'un ou plusieurs traits verticaux se placent toujours à droite de la consonne.
- En combien de traits dessinez-vous ces caractères ?

Réponse : 5 traits

LES COMBINAISONS D'UNE SYLLABE

o-mo-ni [o-mo-ni], *mère*

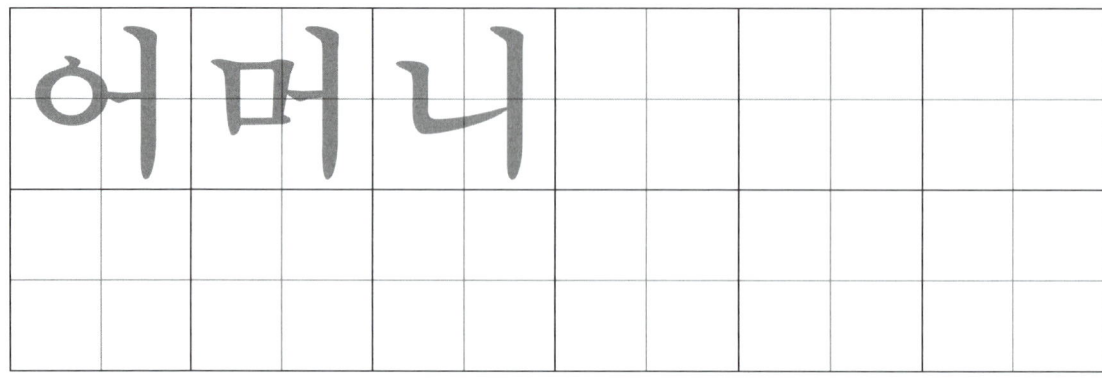

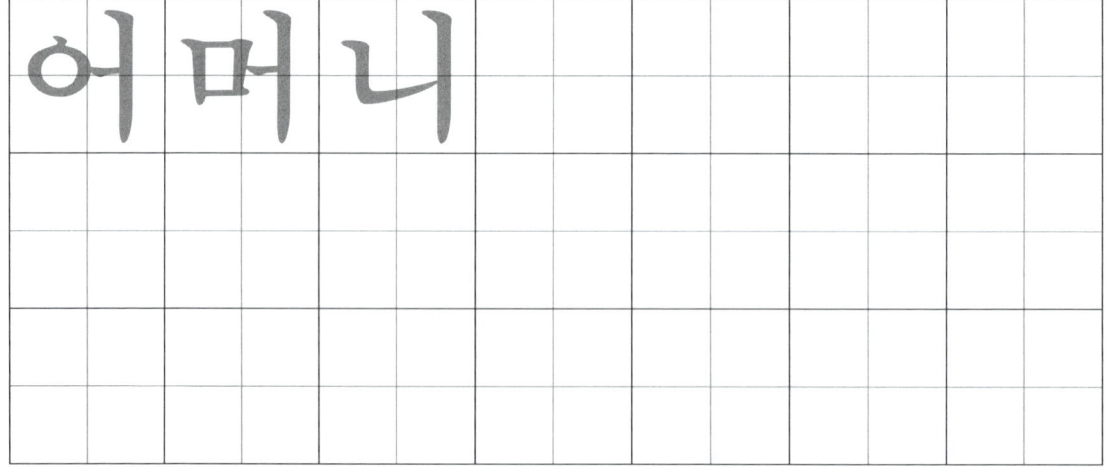

- Une syllabe représente un son. Ce mot est formé de trois syllabes, il a donc trois sons : [o-mo-ni].
- Dans une syllabe, une consonne et une voyelle peuvent se toucher comme dans cet exemple.
- En combien de traits dessinez-vous ces caractères ?

Réponse : 10 traits

LES COMBINAISONS D'UNE SYLLABE

 **ga-gé** [ga-gué], *magasin*

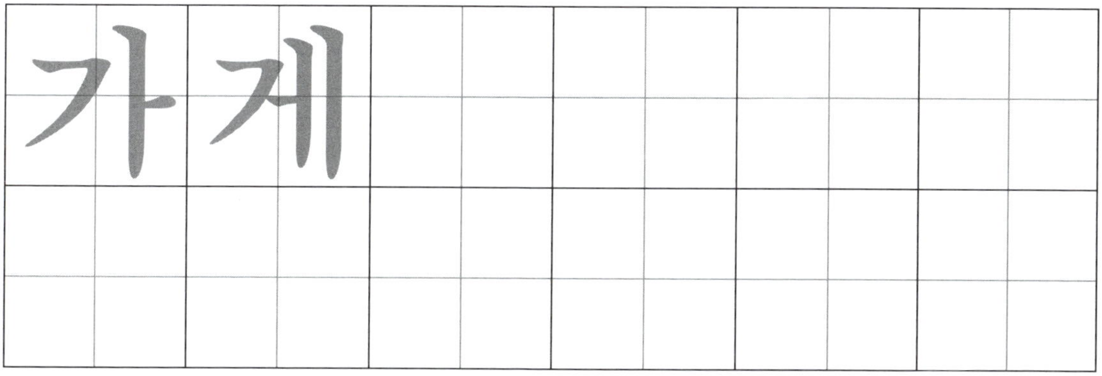

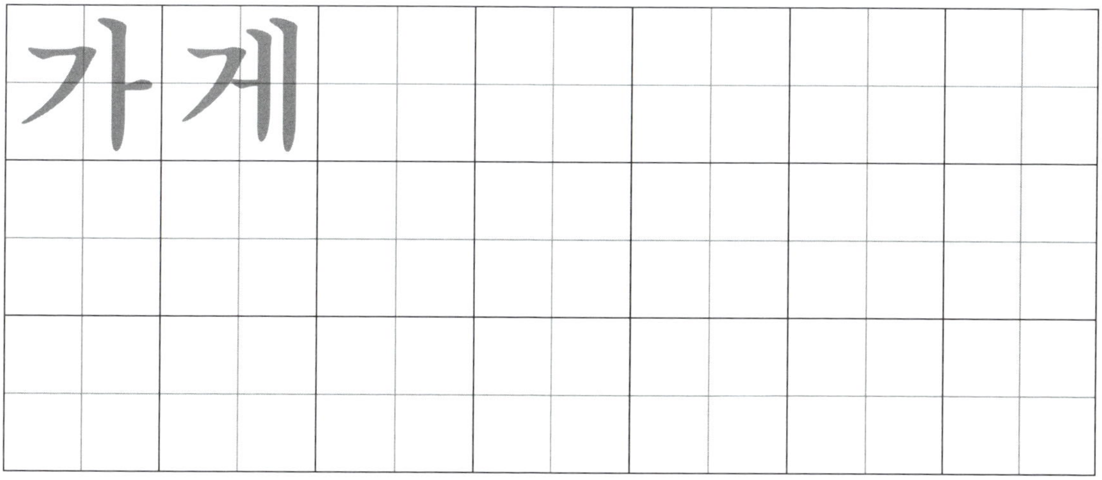

- Le trait vertical de la consonne ㄱ **g** peut être légèrement courbé quand une voyelle est située à sa droite, et ce uniquement pour une raison esthétique.
- Attention ! Contrairement au **g** français qui peut se prononcer de deux façons (*génial* / *gonfler*), ㄱ **g** se prononce toujours comme tel. On le note donc [gu] afin d'éviter les erreurs.
- En combien de traits dessinez-vous ces caractères ?

Réponse : 7 traits

LES COMBINAISONS D'UNE SYLLABE

 **da-li** [da-Ri], *jambe* ou *pont*

- Ce mot se prononce avec un r roulé. En effet, la consonne ㄹ se prononce r si elle est située entre deux voyelles.
- Selon le contexte, ce mot peut signifier *jambe* (d'un humain), *patte* (d'un animal), *pied* (d'un meuble) mais également *pont*.
- En combien de traits dessinez-vous ces caractères ?

Réponse : 8 traits

LES COMBINAISONS D'UNE SYLLABE

 **si-gyé** [chi-kyé], *montre, horloge, pendule*

- Voici un nouvel exemple de l'influence de la voyelle ㅣ i : ㅅ s se prononce ici [ch], et ㄱ g se prononce plutôt [k].
- En combien de traits dessinez-vous ces caractères ?

Réponse : 8 traits

55

LES COMBINAISONS D'UNE SYLLABE

ou-you [ou-you], *lait*

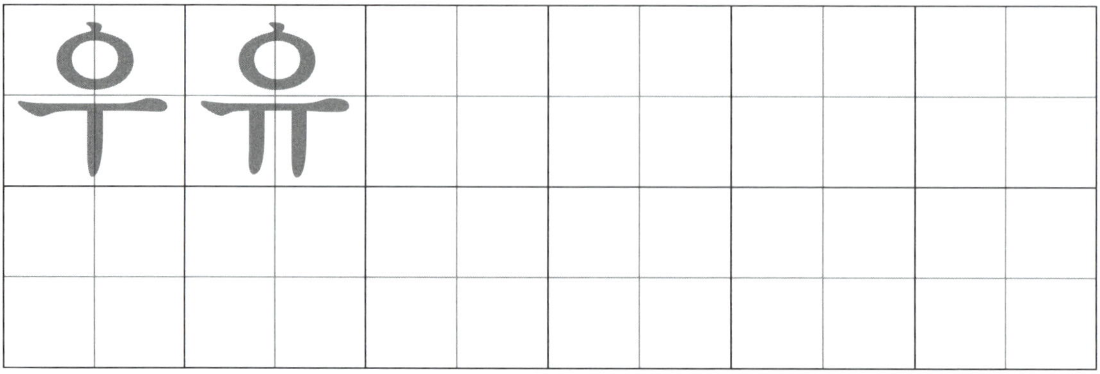

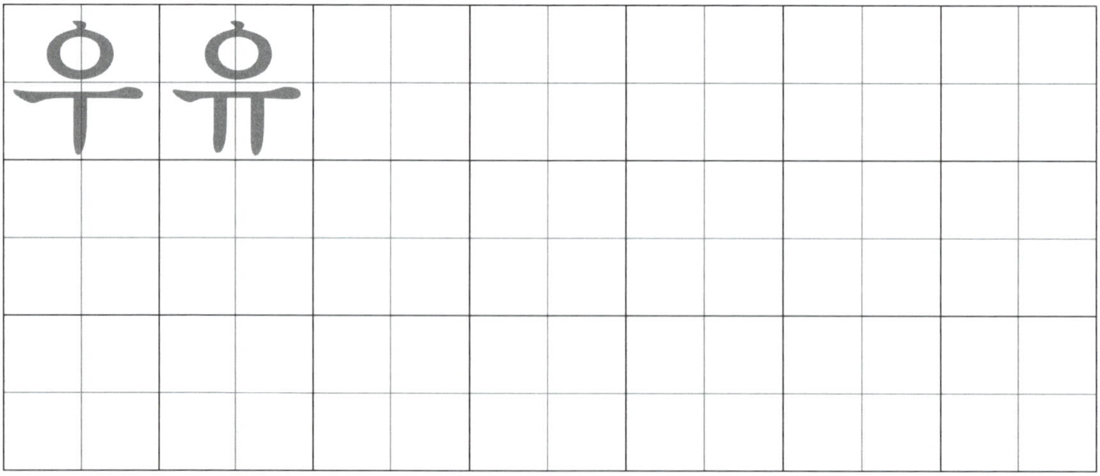

- Rappelez-vous qu'une syllabe doit commencer par une consonne ; donc par la consonne muette ㅇ, même si à cet endroit elle ne représente aucun son.
- Les voyelles qui ont un ou plusieurs traits horizontaux se placent en dessous de la consonne.
- En combien de traits dessinez-vous ces caractères ?

Réponse : 7 traits

LES COMBINAISONS D'UNE SYLLABE

 **gou-dou** [gou-dou], *chaussures de ville, escarpin*

- Avez-vous remarqué la forme que prend ㄱ **g** selon la voyelle qui suit ? Comparez cette page avec la page 53.
- En combien de traits dessinez-vous ces caractères ?

Réponse : 7 traits

LES COMBINAISONS D'UNE SYLLABE

우표 **ou-pʰyô** [ou-pʰyô], *timbre*

- On a l'impression que la deuxième syllabe est composée d'un seul caractère, mais il s'agit en fait de la consonne ㅍ **pʰ** collée à la voyelle ㅛ **yô**.
- N'oubliez pas de bien aspirer la prononciation de la consonne ㅍ **pʰ**.
- En combien de traits dessinez-vous ces caractères ?

Réponse : 10 traits

LES COMBINAISONS D'UNE SYLLABE

 **gô-tchou** [gô-tchou], *piment*

- Ce mot signifie aussi *zizi* dans le langage enfantin. Le piment et le zizi auraient en effet des formes similaires. Les Coréens ont de l'imagination !
- N'oubliez pas de bien aspirer pour la prononciation de la consonne ㅊ **tch**.
- En combien de traits dessinez-vous ces caractères ?

Réponse : 8 ou 9 traits selon la manière dont vous avez procédé pour la consonne ㅊ

LES COMBINAISONS D'UNE SYLLABE

뽀-뽀 **ppô-ppô** [ppô-ppô], *bisou*

- Rappelez-vous l'astuce pour la prononciation de la consonne doublée : inspirez et marquez une pause, puis expirez légèrement. Ce n'est pas difficile, il suffit de s'entraîner !
- En combien de traits dessinez-vous ces caractères ?

Réponse : 20 traits

LES COMBINAISONS D'UNE SYLLABE

 wè [wè], *pourquoi*

- Observez la manière dont on place la voyelle combinée : elle se positionne comme dans l'exemple ci-dessus. Il faut toujours avoir à l'esprit la forme du carré.
- En combien de traits dessinez-vous ces caractères ?

Réponse : 6 traits

LES COMBINAISONS D'UNE SYLLABE

쥐 **djwi [tchwi]**, *rat*

- En combien de traits dessinez-vous ces caractères ?
- Avez-vous bien compris l'agencement de type CV dans un carré ? Si oui, découvrez à la page suivante comment fonctionne l'agencement de type CVC.

Réponse : 5 ou 6 traits selon la manière d'écrire la consonne ㅈ

LES COMBINAISONS D'UNE SYLLABE

Type CVC (consonne + voyelle + consonne)

강남 **gang-nam** [gang-namm], *Gangnam (quartier à Séoul)*

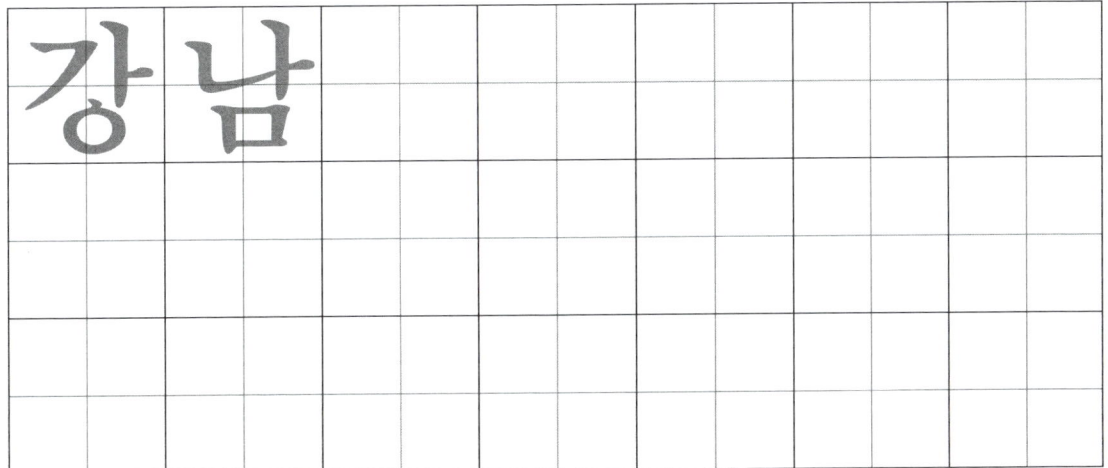

- Dans une syllabe de type CVC, la voyelle verticale se trace à droite de la consonne initiale ; la consonne finale (la seconde consonne de la syllabe) se positionne en dessous, centrée entre les deux lettres du dessus.
- Rappelez-vous : si la consonne ㅇ est une consonne finale, elle se prononce [ng] (son nasal).
- Le **am** de la deuxième syllabe n'est pas un son nasal (c'est-à-dire qu'il ne se prononce pas comme dans *bambou*), c'est pourquoi on ajoute un deuxième **m** final, pour éviter la confusion.
- En combien de traits dessinez-vous ces caractères ?

Réponse : 10 traits

LES COMBINAISONS D'UNE SYLLABE

밥 **bab [ba^p]**, *riz (cuit, cuisiné) ou repas*

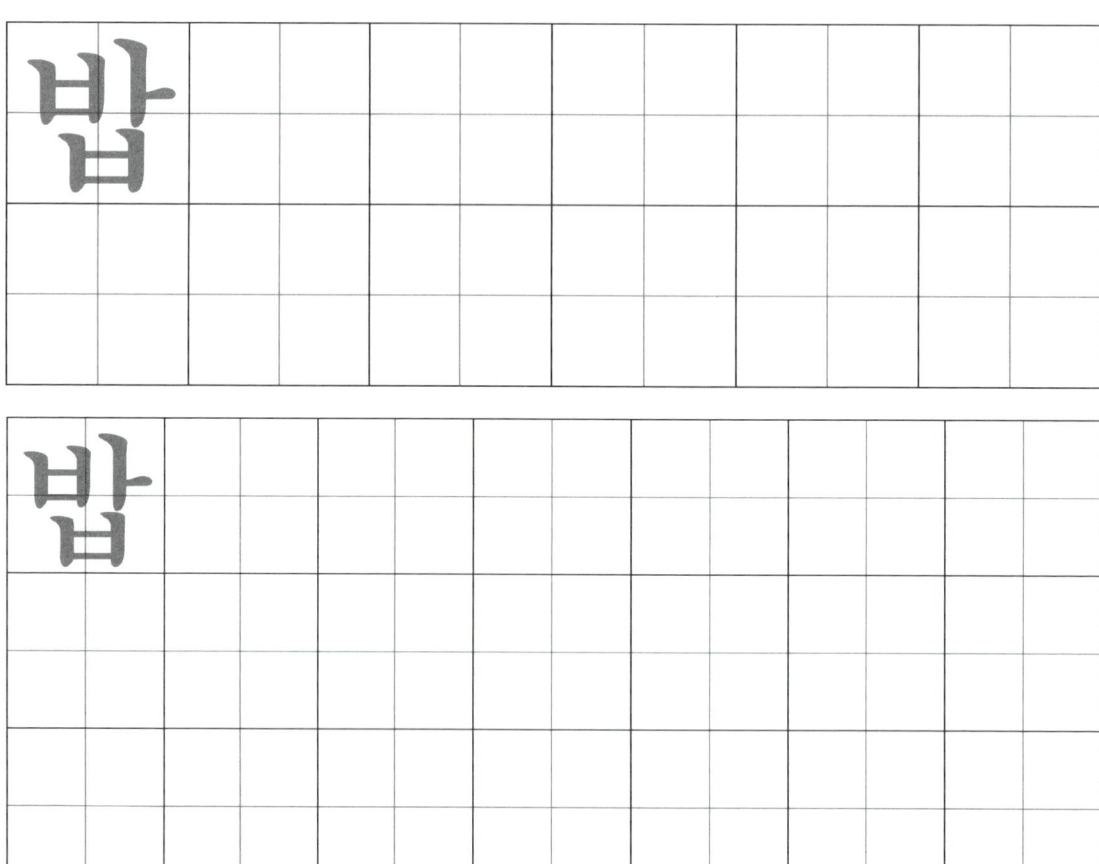

- Le mot présenté ci-dessus se prononce [ba^p], avec un léger [p] à peine audible (sauf en cas de liaison).
- En combien de traits dessinez-vous ces caractères ?

Réponse : 10 traits

LES COMBINAISONS D'UNE SYLLABE

san [sann], *montagne*

- Le **an** de cette syllabe n'est pas un son nasal (c'est-à-dire qu'il ne se prononce pas comme dans *sang*), c'est pourquoi on ajoute un deuxième **n** final, pour éviter la confusion.
- En combien de traits dessinez-vous ces caractères ?

Réponse : 5 traits

LES COMBINAISONS D'UNE SYLLABE

bal [bal], *pied*

- **발 bal** signifie *pied*. Avec ce mot, on en crée d'autres, comme **신발 sinbal** [chinn-bal] qui signifie *chaussure(s)* (le mot *chaussure(s) de ville* de la page 57 ne se construit en revanche pas sur la même base).
- En combien de traits dessinez-vous ces caractères ?

Réponse : 9 traits

LES COMBINAISONS D'UNE SYLLABE

맛 **mas** [maᵗ], *goût*

- La consonne ㅅ **s** se prononce [ᵗ] en consonne finale (un [t] à peine audible) sauf en cas de liaison. Les consonnes ㄷ **d**, ㅈ **dj**, ㅊ **tch**, ㅌ **tʰ**, ㅎ **h**, ㅆ **ss** se prononcent aussi [ᵗ] en consonne finale.
- En combien de traits dessinez-vous ces caractères ?

Réponse : 7 traits

LES COMBINAISONS D'UNE SYLLABE

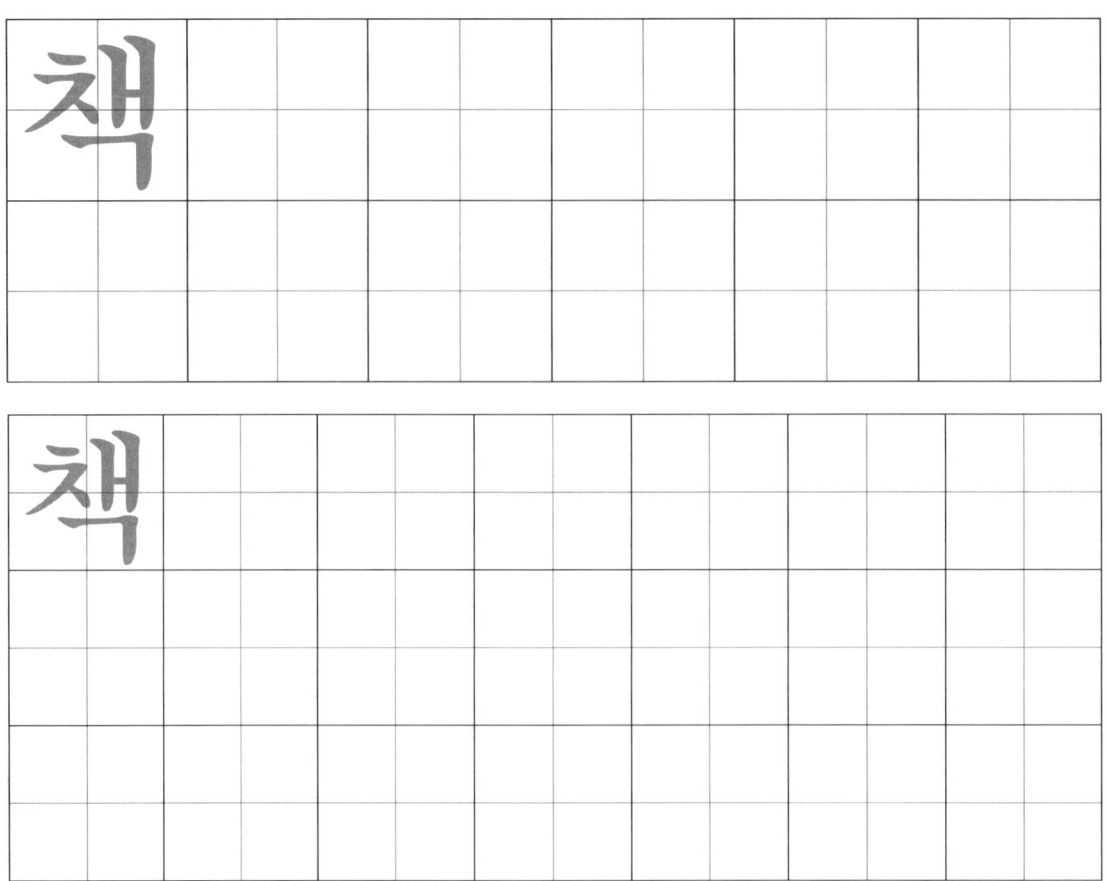

책 **tchèg** [tchèᵏ], *livre*

- La consonne ㄱ **g** se prononce [ᵏ] (un [k] à peine audible) quand il s'agit d'une consonne finale, sauf en cas de liaison. Les consonnes ㅋ **kʰ** et ㄲ **kk** se prononcent aussi [ᵏ] en consonne finale.
- En combien de traits dessinez-vous ces caractères ?

Réponse : 7 ou 8 traits selon l'écriture de ㅊ.

LES COMBINAISONS D'UNE SYLLABE

 **eung** [eung], *oui* (très familier)

- Dans une syllabe de type CVC, la voyelle horizontale se trace en dessous de la consonne initiale ; la consonne finale en dessous et au centre. Essayez de bien les aligner verticalement.
- Ici, la consonne initiale ㅇ est muette, alors que la consonne finale ㅇ se prononce [ng].
- En combien de traits dessinez-vous ces caractères ?

Réponse : 3 traits

LES COMBINAISONS D'UNE SYLLABE

물 **moul** [moul], *eau*

- L'association des mots **물 moul** *eau*, et **고기 gô-gi** [gô-gui] *viande* (page 86), donne le mot *poisson*, qui signifie donc littéralement la « viande de l'eau » !
- En combien de traits dessinez-vous ces caractères ?

Réponse : 8 traits

LES COMBINAISONS D'UNE SYLLABE

sôn [sônn], *main*

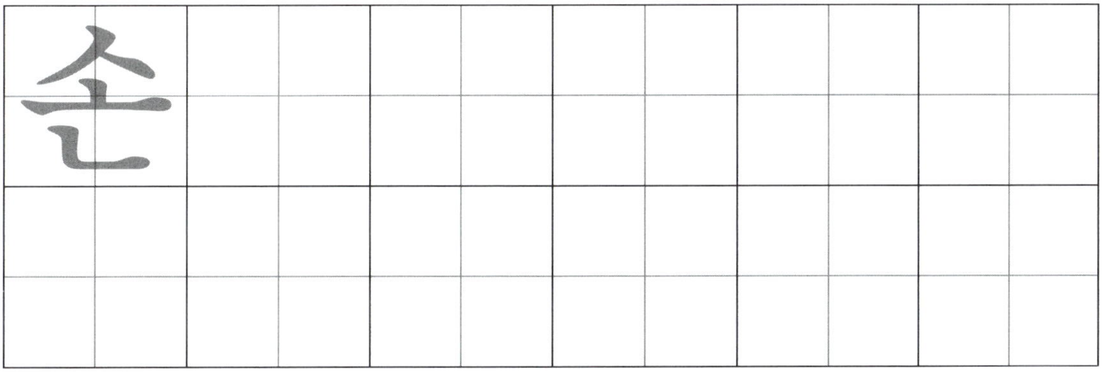

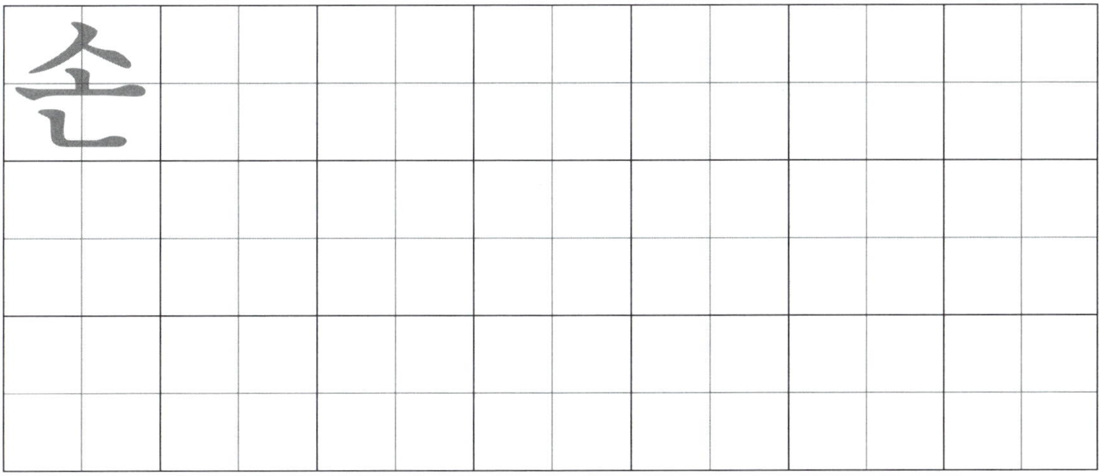

- Attention ! Si vous tracez en consonne finale ㄱ **g** au lieu de ㄴ **n**, vous écrirez alors 속 **sôg** [sôᵏ], qui signifie *intérieur* ou *dedans*, et qui n'a donc rien à voir avec *main* !
- En combien de traits dessinez-vous ces caractères ?

Réponse : 5 traits

LES COMBINAISONS D'UNE SYLLABE

몸 **môm** [mômm], *corps*

- À partir de ce mot, on compose des expressions comme **몸짱 môm-tsang** [mômm-tsang], qui signifie *corps de rêve*, ou encore **몸치 môm-tchi** [mômm-tchi], qui signifie *une personne qui danse mal*.
- En combien de traits dessinez-vous ces caractères ?

Réponse : 8 traits

LES COMBINAISONS D'UNE SYLLABE

옷 **ôs** [ôᵗ], *vêtement*

- L'association des mots **옷 ôs** *vêtement*, et **가게 ga-gé** [ga-gué] *magasin* (page 53), donne l'expression **옷가게 ôs gagé** *magasin de vêtements*.
- Rappelez-vous la prononciation de la consonne finale (page 28).
- En combien de traits dessinez-vous ces caractères ?

Réponse : 5 traits

LES COMBINAISONS D'UNE SYLLABE

숲 **soup**[h] [sou[p]], *forêt*

- La prononciation de ce mot est très proche de celle du mot *soupe* en français.
- En combien de traits dessinez-vous ces caractères ?

Réponse : 8 traits

LES COMBINAISONS D'UNE SYLLABE

목 **môg** [mô^k], *cou*

- À partir de ce mot, on compose des mots comme 목걸이 **môg-gol-i** [mô^k-kko-Ri], qui signifie *collier*, ou encore 목소리 **môg-sô-li** [mô^k-ssô-Ri], qui signifie *voix, ton*.
- En combien de traits dessinez-vous ces caractères ?

Réponse : 6 traits

LES COMBINAISONS D'UNE SYLLABE

- Rappelez-vous que la consonne ㅊ **tch** se prononce [ᵗ] quand il s'agit de la consonne finale.
- En combien de traits dessinez-vous ces caractères ?

Réponse : 7 ou 8 traits selon l'écriture de ㅊ

LES COMBINAISONS D'UNE SYLLABE

Type CVC particulier

값 **gabs** [ga^p], *prix*

- Dans une syllabe de type CVC, on peut aussi avoir une consonne composée comme ㅄ **bs** à la place de la consonne finale. C'est le cas dans l'exemple ci-dessus. On prononce alors l'une des deux consonnes (sauf en cas de liaison), selon les règles habituelles de prononciation. Mais la plupart du temps, on prononce la première, comme c'est le cas ici.
- Dans cet exemple, on prononce donc ㅂ **b** [^{p}] → [ga^p].
- En combien de traits dessinez-vous ces caractères ?

Réponse : 9 traits

LES COMBINAISONS D'UNE SYLLABE

여덟

yo-dolb [yo-dol], *huit (chiffre)*

여덟

여덟

- Dans la consonne composée ㄼ **lb**, seule ㄹ **l** se prononce.
- En combien de traits dessinez-vous ces caractères ?

Réponse : 15 traits

LES COMBINAISONS D'UNE SYLLABE

dalg [daᵏ], *poulet, poule, coq*

- Dans la consonne composée ㄺ **lg**, seule ㄱ **g** se prononce.
- En combien de traits dessinez-vous ces caractères ?

Réponse : 8 traits

Speed Quiz !

Répondez le plus vite possible :

- En quelle année le hangeul est-il né ?
  → ....
- À quelle date fête-t-on le « jour du hangeul » ?
  → ....
- Va-t-on à l'école ou au travail ce jour-là ?
  → ....
- Comment s'appelle le grand roi qui a inventé le hangeul ?
  → ....
- Combien y a-t-il de consonnes et de voyelles dans le hangeul ?
  → ....
- Par quels symboles le ciel, l'Homme et la terre sont-ils représentés ?
  → ....

C'est fini !

Vérifiez vos réponses ci-dessous pour découvrir si vous êtes un fin connaisseur du hangeul ! Il sera temps ensuite de passer aux exercices.

Réponses : 1446 / le 9 octobre / non / Séjong le Grand / 19 consonnes et 21 voyelles / un rond, un trait vertical et un trait horizontal

Les exercices
Les mots coréens

han-goug [Hann-gou^k], *Corée*

- En combien de traits dessinez-vous ces caractères ?

Réponse : 10 traits

han-goug-o [Hann-gou-go], *coréen (langue)*

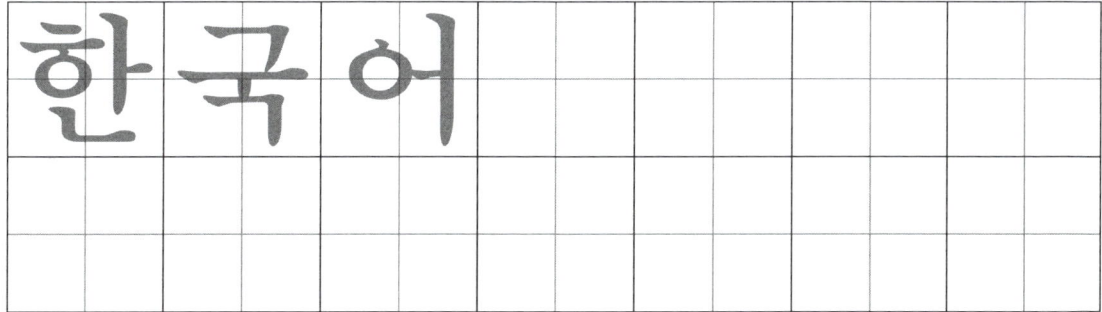

- En combien de traits dessinez-vous ces caractères ?

Réponse : 13 traits

LES EXERCICES

한국 사람

han-goug sa-lam [Hann-gouᵏ ssa-Ramm], *Coréen(ne) (nationalité)*

- 사람 **salam** signifie *une personne*. 한국 사람 **hangoug salam** signifie donc littéralement *une personne de Corée*, c'est-à-dire *Coréen(ne)*.
- En combien de traits dessinez-vous ces caractères ?

Réponse : 22 traits

친구 tchin-gou [tchinn-gou], *ami(e)*

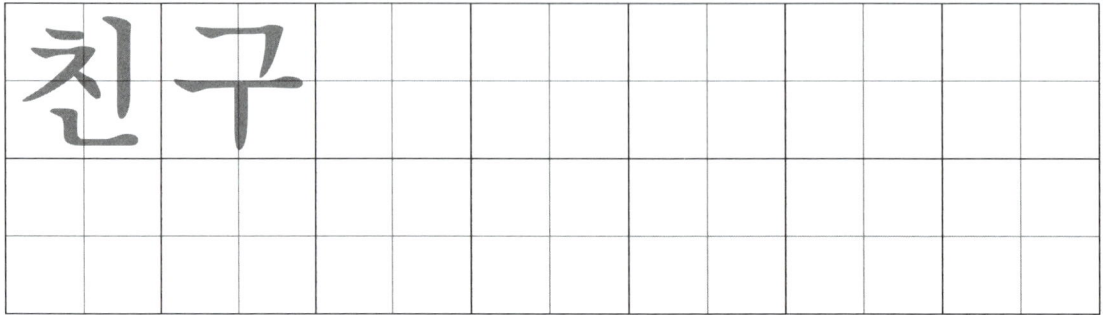

- Il n'y a pas d'article (le, la, les, un, une, des) ni de genre (masculin, féminin) en coréen. Ce mot peut donc signifier *un ami, une amie, des amis, l'ami(e)* selon le contexte.
- En combien de traits dessinez-vous ces caractères ?

Réponse : 8 ou 9 traits

LES EXERCICES

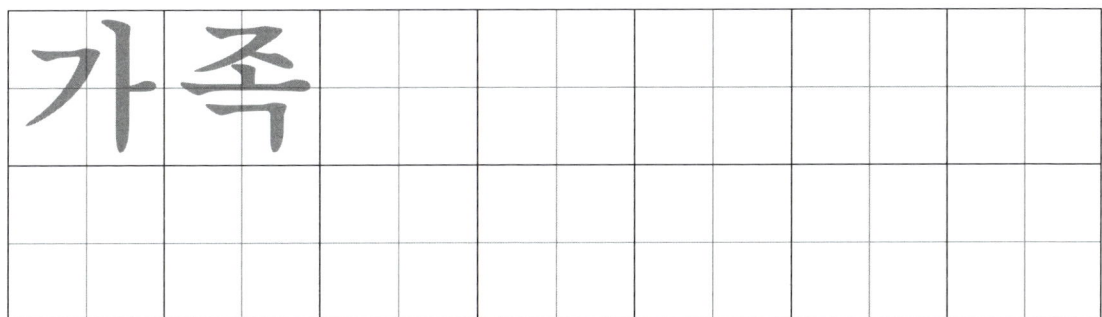

가족 **ga-djôg** [ga-djôᵏ], *famille*

• En combien de traits dessinez-vous ces caractères ?

Réponse : 8 ou 9 traits

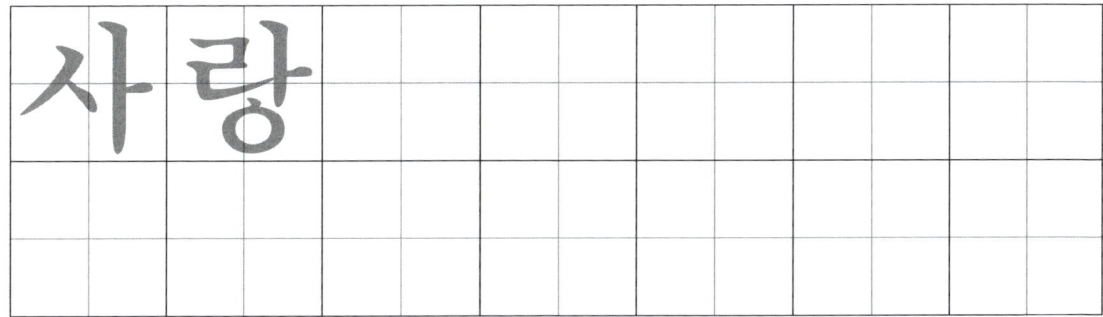

사랑 **sa-lang** [sa-Rang], *amour*

• En combien de traits dessinez-vous ces caractères ?

Réponse : 10 traits

83

LES EXERCICES

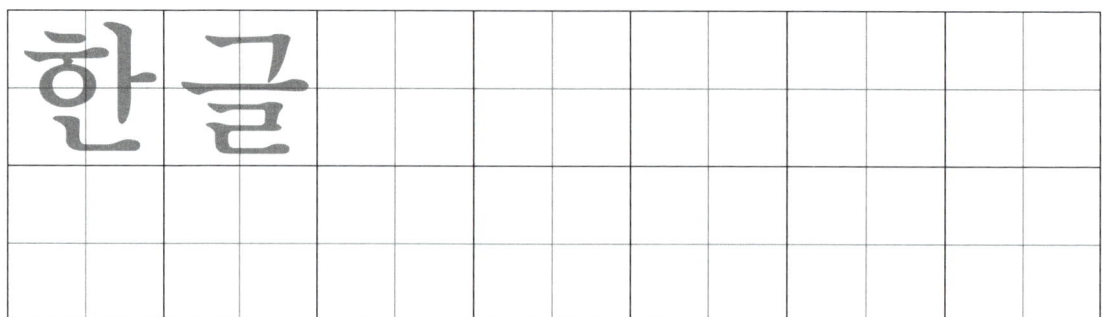

한글 **han-geul** [hann-geul], *hangeul*

- En combien de traits dessinez-vous ces caractères ?

Réponse : 11 traits

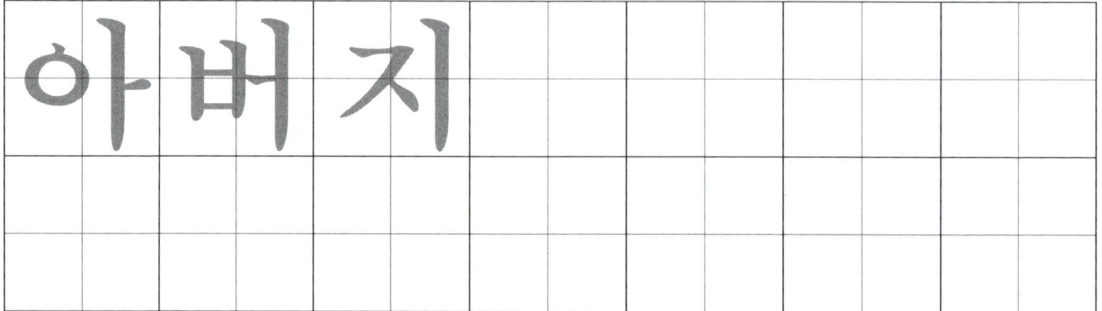

아버지 **a-bo-dji** [a-bo-tchi], *père*

- La version familière de ce mot est 아빠 **a-ppa**, qui signigie donc *papa*.
- En combien de traits dessinez-vous ces caractères ?

Réponse : 12 ou 13 traits

LES EXERCICES

ga-sou [ga-sou], *chanteur(-euse)*

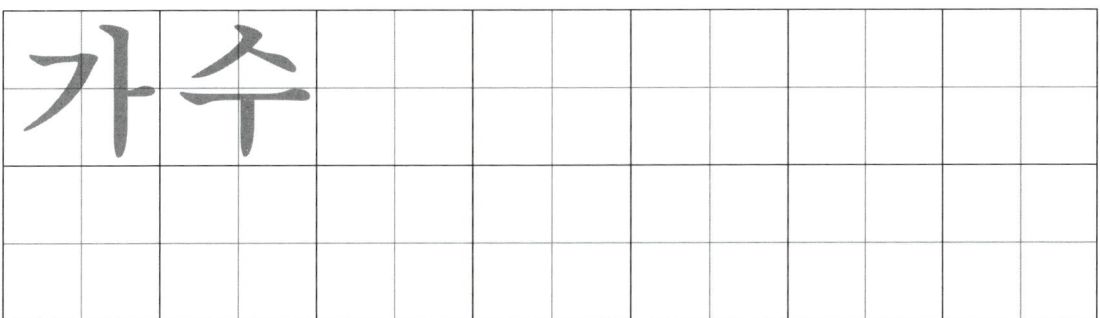

• En combien de traits dessinez-vous ces caractères ?

Réponse : 7 traits

son-sèng-nim [sonn-sèng-nimm], *professeur*

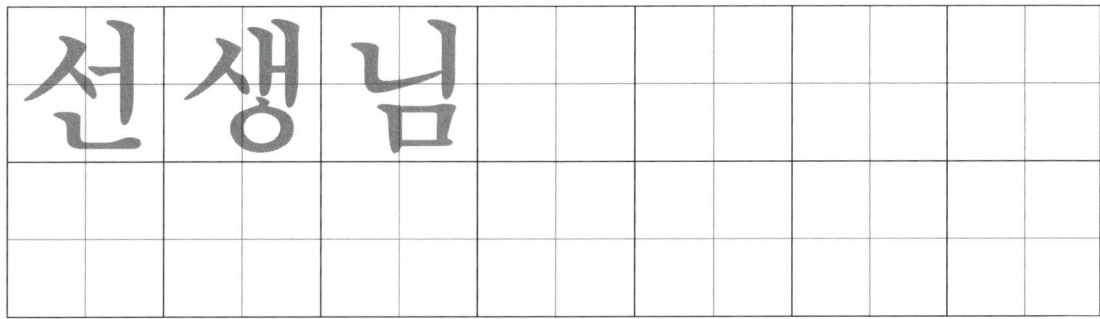

• En combien de traits dessinez-vous ces caractères ?

Réponse : 16 traits

LES EXERCISES

비빔밥 **bi-bim-bab** [pi-pimm-ppaᵖ], *bibimbap*

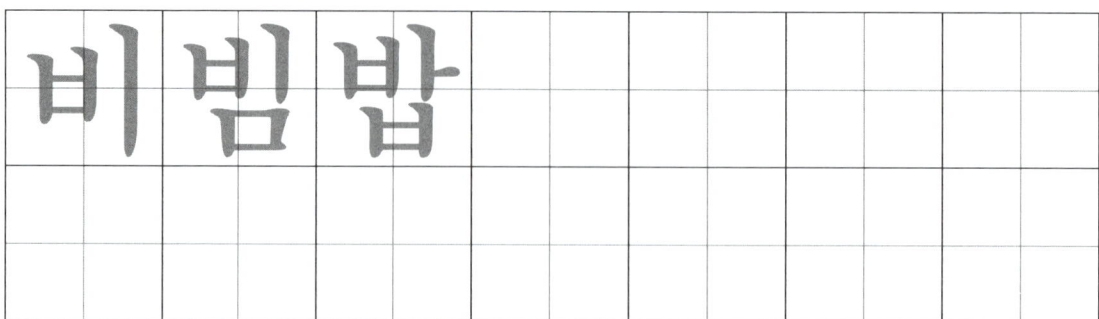

- Le bibimbap est un plat traditionnel coréen. Du riz est agrémenté d'un assortiment de légumes et de viande (souvent du bœuf). Mais avant de déguster, il faut mélanger le tout avec une pâte de piment qui s'appelle **고추장 gô-tchou-djang**.
- En combien de traits dessinez-vous ces caractères ?

Réponse : 23 traits

불고기 **boul-gô-gi** [boul-gô-ki], *bulgogi*

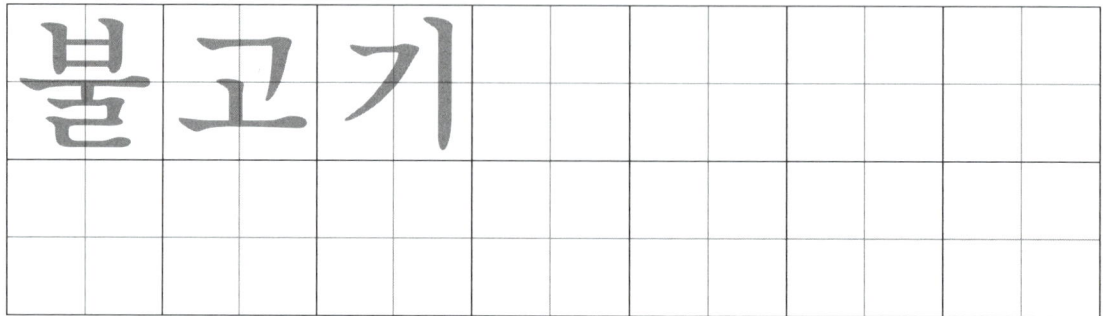

- Le nom de ce plat traditionnel coréen vient de **불 boul** *feu*, et de **고기 gô-gi** *viande*. Il s'agit de viande « au feu » ou viande grillée. C'est le fameux barbecue coréen où l'on fait griller de la viande marinée à la sauce de soja **간장 gan-djang**.
- En combien de traits dessinez-vous ces caractères ?

Réponse : 14 traits

Les mots anglais coréanisés

Vous rencontrerez parfois des mots qui vous semblent familiers. Ceux qui suivent sont des mots anglais coréanisés : amusez-vous à retrouver l'origine anglaise des mots suivants !

- Le [s] anglais devient [seu] en coréen, cela est dû à la règle des syllabes : une syllabe doit obligatoirement se composer, au minimum, d'une consonne et d'une voyelle.
- En combien de traits dessinez-vous ces caractères ?
- De quel mot anglais vient **bo-seu** ?

Réponses : 9 traits / bus

- En combien de traits dessinez-vous ces caractères ?
- De quel mot anglais vient **k^{h}o-p^{h}i** ?

Réponses : 9 traits / *coffee*, qui signifie café

LES EXERCICES

뉴스 **nyou-seu** [nyou-seu]

- En combien de traits dessinez-vous ces caractères ?
- De quel mot anglais vient **nyou-seu** ?

Réponses : 7 traits / *news*, qui signifie nouvelles

컴퓨터 **kʰom-pʰyou-tʰo** [kʰomm-pʰyou-tʰo]

- En combien de traits dessinez-vous ces caractères ?
- De quel mot anglais vient **kʰom-pʰyou-tʰo** ?

Réponses : 19 traits / *computer*, qui signifie ordinateur

LES EXERCICES

카메라

kʰa-mé-la [kʰa-mé-Ra]

- En combien de traits dessinez-vous ces caractères ?
- De quel mot anglais vient **kʰa-mé-la** ?

Réponses : 15 traits / *camera*, qui signifie appareil photo

노트북

nô-tʰeu-boug [nô-tʰeu-bouᵏ]

- En combien de traits dessinez-vous ces caractères ?
- De quel mot anglais vient **nô-tʰeu-boug** ?

Réponses : 14 traits / *notebook*, qui signifie ordinateur portable

LES EXERCICES

- En combien de traits dessinez-vous ces caractères ?
- De quel mot anglais vient **a-i-seu-kʰeu-lim** ?

Réponses : 18 traits / *ice cream*, qui signifie glace

- En combien de traits dessinez-vous ces caractères ?
- De quel mot anglais vient **kʰeu-li-seu-ma-seu** ?

Réponses : 18 traits / *Christmas*, qui signifie Noël

Les mots français coréanisés

Tout comme les précédents, ces mots devraient vous sembler familiers car il s'agit cette fois de mots français coréanisés : amusez-vous à retrouver leur origine française !

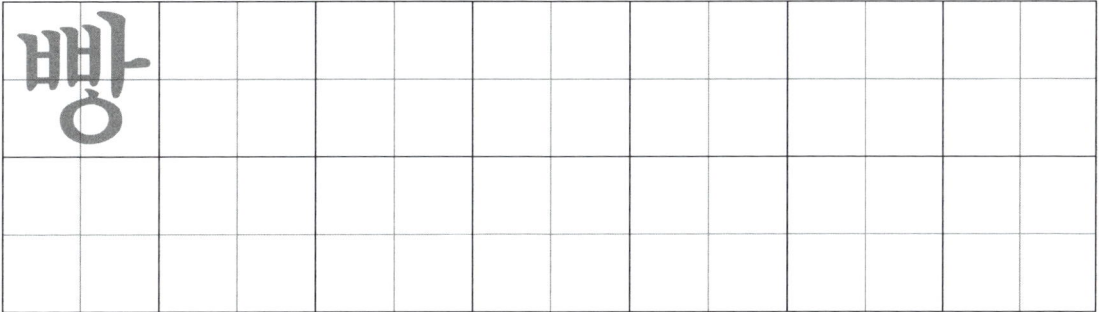

- En combien de traits dessinez-vous ces caractères ?
- De quel mot français vient **ppang** ?

Réponses : 11 traits / pain

- En combien de traits dessinez-vous ces caractères ?
- De quel mot français vient **dé-bwi** ?

Réponses : 12 traits / début (en coréen, ce mot s'emploie pour parler des débuts d'un artiste).

LES EXERCICES

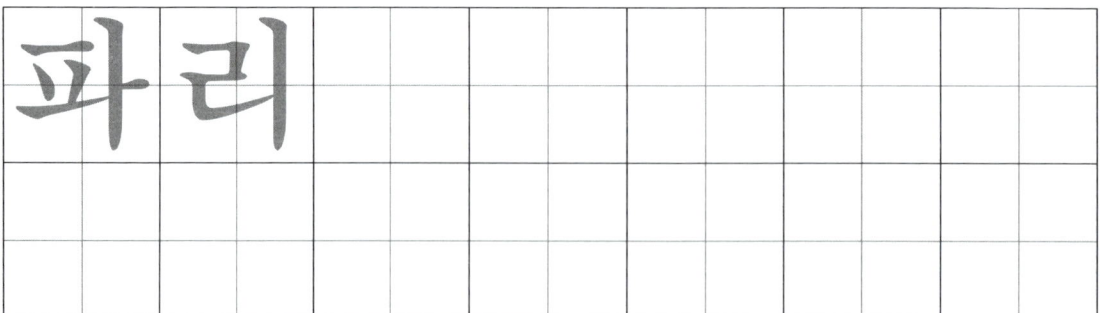

- En combien de traits dessinez-vous ces caractères ?
- De quel mot français vient **pʰa-li** ?

Réponses : 10 traits / Paris

- En combien de traits dessinez-vous ces caractères ?
- De quel mot français vient **sal-lông** ?

Réponses : 13 traits / salon

LES EXERCICES

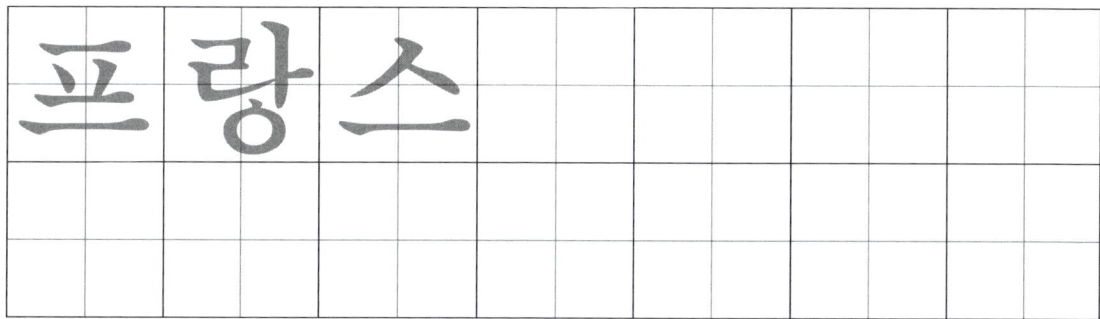

프랑스 p^heu-lang-seu [p^heu-Rang-sseu]

- En combien de traits dessinez-vous ces caractères ?
- De quel mot français vient **p^heu-lang-seu** ?

Réponses : 14 traits / France

바캉스 ba-k^hang-seu [ba-k^hang-sseu]

- En combien de traits dessinez-vous ces caractères ?
- De quel mot français vient **ba-k^hang-seu** ?

Réponses : 14 traits / vacances

LES EXERCICES

앙케트 ang-kʰé-tʰeu [ang-kʰé-tʰeu]

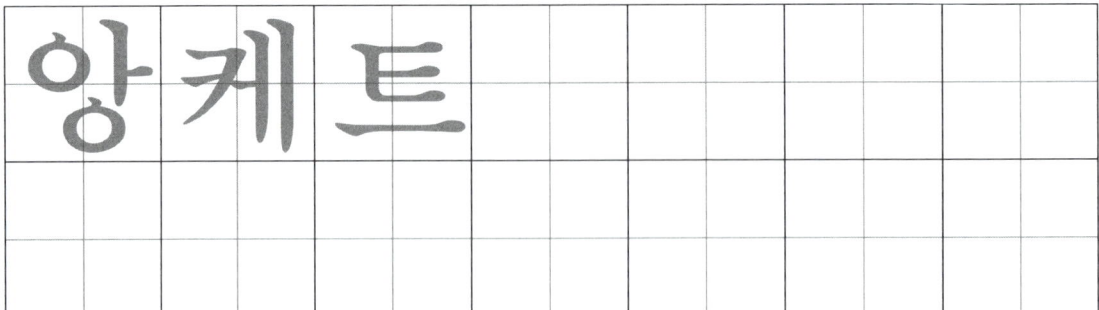

- En combien de traits dessinez-vous ces caractères ?
- De quel mot français vient **ang-kʰé-tʰeu** ?

Réponses : 13 traits / enquête

마네킹 ma-né-kʰing [ma-né-kʰing]

- En combien de traits dessinez-vous ces caractères ?
- De quel mot français vient **ma-né-kʰing** ?

Réponses : 13 traits / mannequin (en Corée, ce terme s'emploie uniquement pour désigner l'objet que l'on habille dans une vitrine, et non pour désigner la personne).

LES EXERCICES

카페오레 k^ha-p^hé-ô-lé [k^ha-p^hé-ô-Ré]

- En combien de traits dessinez-vous ces caractères ?
- De quel mot français vient **k^ha-p^hé-ô-lé** ?

Réponses : 20 traits / café au lait

레스토랑 lé-seu-t^hô-lang [lé-seu-t^hô-Rang]

- En combien de traits dessinez-vous ces caractères ?
- De quel mot français vient **lé-seu-t^hô-lang** ?

Réponses : 20 traits / restaurant (ce mot s'emploie pour désigner les restaurants occidentaux : français, italiens, espagnols, etc.)

Écrivez votre prénom en coréen !

Cet exercice nécessite un peu d'imagination, car en coréen, les voyelles et les consonnes n'ont pas la même valeur qu'en français. Voici un petit mode d'emploi qui pourrait vous aider :
• Commencez par délimiter les sons de votre prénom en français : vous obtenez alors le nombre de « carrés » qu'il vous faudra en coréen.
• Munissez-vous ensuite des tableaux récapitulatifs des consonnes et des voyelles (pages 28 et 50), et repérez les lettres du hangeul dont la prononciation s'approche de celle des lettres françaises de votre prénom. Il ne vous reste plus qu'à tracer les caractères !
• À noter que les consonnes f, v et z n'existent pas en coréen. Elles peuvent éventuellement être remplacées par : ㅍ pʰ, ㅂ b et ㅈ dj.

• En coréen, on entend deux sons dans le prénom « Marie » : [ma] et [ri]. Il faut donc le décomposer en deux syllabes, c'est-à-dire deux carrés.
• On remplace ensuite les voyelles et les consonnes du français par les voyelles et les consonnes du hangeul : m-a-r-i → ㅁ-ㅏ-ㄹ-ㅣ. Pour remplacer la consonne r, il est conseillé d'utiliser ㄹ.
• Tracez les caractères dans les carrés en veillant à bien respecter la position des voyelles. Pour mémoire, les voyelles verticales se placent à droite de la consonne et les voyelles horizontales se placent en dessous de la consonne.

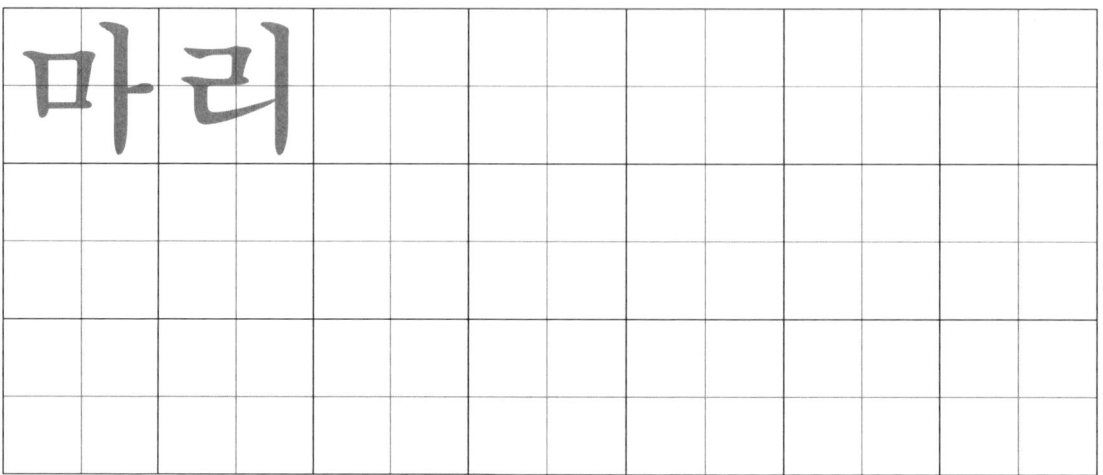

ÉCRIVEZ VOTRE PRÉNOM EN CORÉEN !

 David

- En coréen, on entend trois sons dans le prénom « David » : [da], [vi] et [d]. Il faut donc le décomposer en trois syllabes, c'est-à-dire trois carrés.
- On remplace ensuite les voyelles et les consonnes du français par les voyelles et les consonnes du hangeul : d-a-v-i-d → ㄷ-ㅏ-ㅂ-ㅣ-ㄷ-ㅡ. Pour remplacer la consonne **v**, il est conseillé d'utiliser ㅂ.
- Pour mémoire, une syllabe est composée d'au moins une consonne et une voyelle. La voyelle ㅡ se place en dessous de ㄷ.
- Tracez les caractères dans les carrés en veillant à bien respecter la position des voyelles. Les voyelles verticales se placent à droite de la consonne ; les voyelles horizontales se placent en dessous de la consonne.

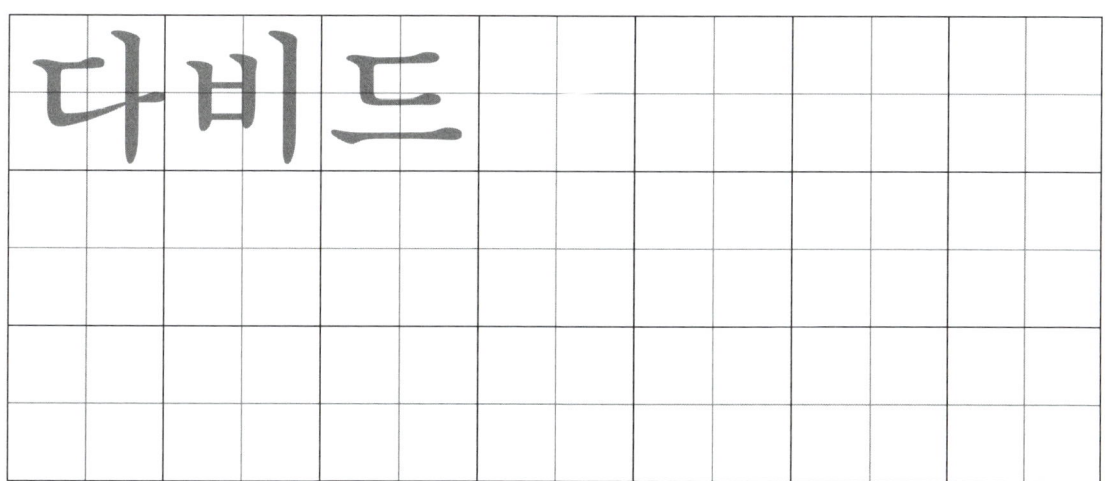

ÉCRIVEZ VOTRE PRÉNOM EN CORÉEN !

- En coréen, on entend trois sons dans le prénom « Élodie » : [él], [lo] et [di]. Il faut donc le décomposer en trois syllabes, c'est-à-dire trois carrés.
- On remplace ensuite les voyelles et les consonnes du français par les voyelles et les consonnes du hangeul : é-l-l-o-d-i → ㅔ-ㄹ-ㄹ-ㅗ-ㄷ-ㅣ. On peut remplacer la voyelle **o** par les voyelles ㅗ ô ou ㅓ o. Il est conseillé d'utiliser ㅗ.
- Attention ! Rappelez-vous qu'en coréen, une syllabe ne peut pas commencer par une voyelle. Il faut donc ajouter la consonne muette ㅇ.
- Tracez les caractères dans les carrés en veillant à bien respecter la position des voyelles. Les voyelles verticales se placent à droite de la consonne ; les voyelles horizontales se placent en dessous de la consonne.
- On pourrait aussi retranscrire ce prénom par **에로디** **é-lô-di**, mais cette option est moins conseillée.

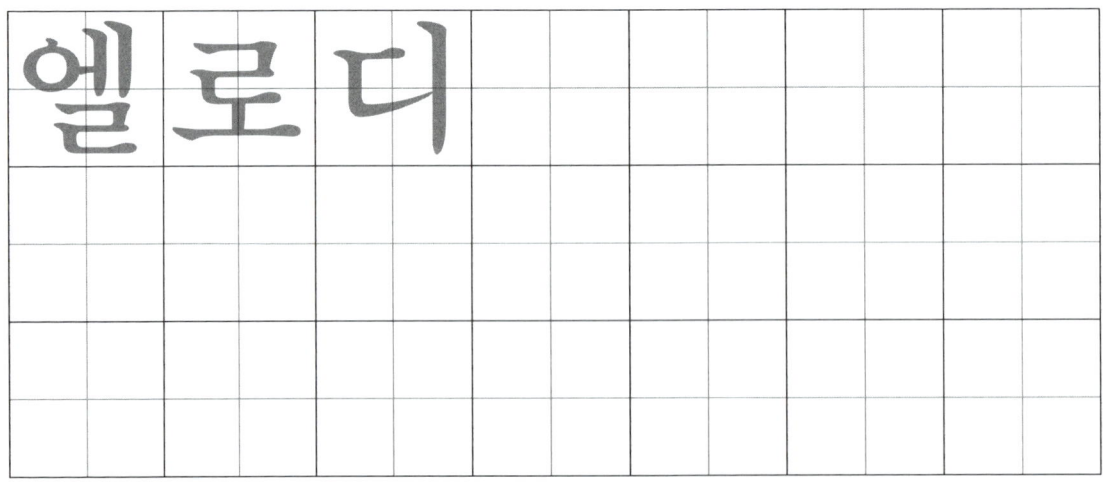

ÉCRIVEZ VOTRE PRÉNOM EN CORÉEN !

Nicolas

- En coréen, on entend trois sons dans le prénom « Nicolas » : [ni], [côl] et [la]. Il faut donc le décomposer en trois syllabes, c'est-à-dire trois carrés.
- On remplace ensuite les voyelles et les consonnes du français par les voyelles et les consonnes du hangeul : n-i-c-ô-l-l-a → ㄴ-ㅣ-ㅋ-ㅗ-ㄹ-ㄹ-ㅏ. On peut remplacer la consonne **c** par ㅋ **k^h** mais aussi par ㄲ **kk**. Il est conseillé d'utiliser ㅋ. On peut remplacer la voyelle **o** (de nic**o**las) par les voyelles ㅗ **ô** ou ㅓ **o**. Il est conseillé d'utiliser ㅗ.
- Ne vous étonnez pas si vous voyez deux fois la consonne ㄹ **l**, car la transcription en hangeul est avant tout basée sur la prononciation. On l'entend deux fois en expression syllabique.
- Tracez les caractères dans les carrés en veillant à bien respecter la position des voyelles. Les voyelles verticales se placent à droite de la consonne ; les voyelles horizontales se placent en dessous de la consonne.
- On pourrait aussi retranscrire ce prénom par **니꼴라 ni-kkôl-la** ou **니코라 ni-k^hô-la**, mais ces options sont moins conseillées. Cela dit, c'est votre nom, c'est vous qui choisissez !

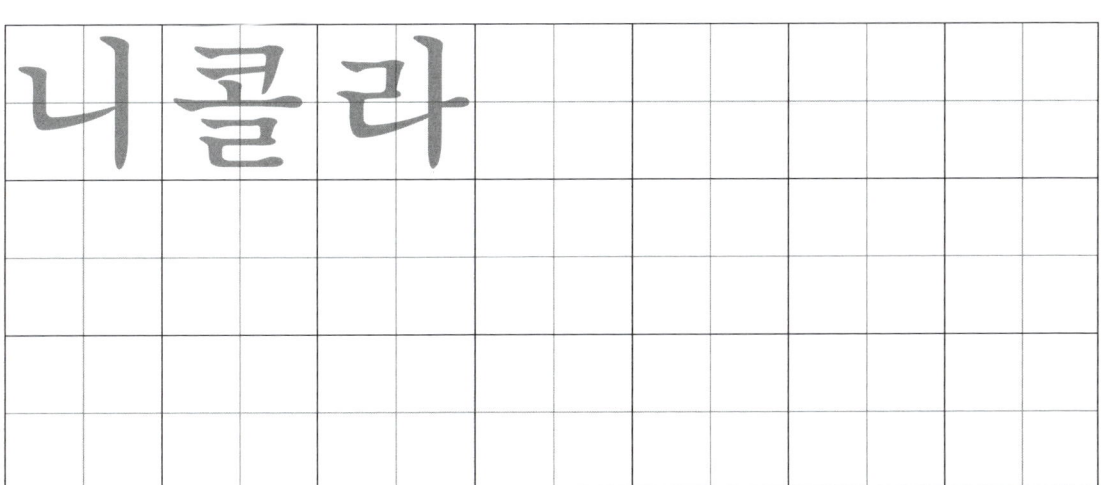

ÉCRIVEZ VOTRE PRÉNOM EN CORÉEN !

Entraînez-vous !

Philippe

Sophie

Jean

Kelly

Chloé

Transcriptions conseillées :

Philippe : **필립 p^hil-lib** / Sophie : **소피 sô-p^hi** / Jean : **장 djang** /
Kelly : **캘리 k^èl-li** / Chloé : **끌로에 kkeul-lô-é**

Comment rédiger le hangeul sur un clavier d'ordinateur ?

Maintenant que vous savez écrire le hangeul à la main, essayez sur ordinateur !
• Avant tout, configurez votre clavier en coréen.
• Voici une image de clavier coréen ci-dessous : essayez d'écrire les mots que vous avez appris dans ce cahier. N'oubliez pas de toujours commencer par une consonne !

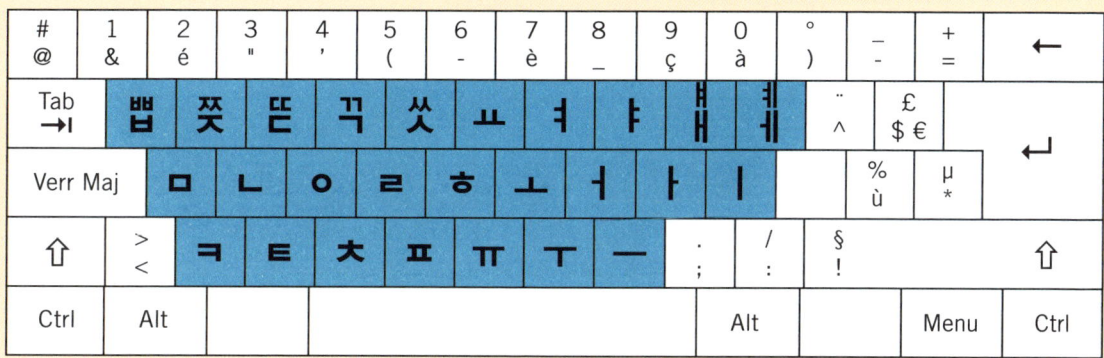

Exercice
N'hésitez pas à nous faire part de vos commentaires sur notre site et n'oubliez pas de signer avec votre prénom en coréen ! Nous comprendrons qui vous êtes !

Les phrases usuelles
Salutations

안녕하세요?

an-nyong-ha-sé-yô [ann-nyong-Ha-sé-yô], *Bonjour !*

안녕하세요?

Écrivez la phrase plusieurs fois en veillant à respecter le nombre de traits. Dans cet exemple, on compte 23 traits.

....
....
....
....

- Le « bonjour » coréen s'exprime avec un point d'interrogation. En effet, littéralement, on pose la question : « êtes-vous en paix ? ».
- Cette expression s'utilise sans distinction selon le moment de la journée (matin, midi et soir).
- Cette salutation s'accompagne d'une inclinaison de la tête, en signe de politesse.

LES PHRASES USUELLES

반갑습니다.

ban-gab-seub-ni-da [bann-ga{p}-sseum-ni-da], *Enchanté(e).*

반갑습니다.

Écrivez la phrase plusieurs fois en veillant à respecter le nombre de traits. Dans cet exemple, on compte 27 traits.

....
....
....
....

- Il existe un décalage entre l'écriture et la prononciation. C'est lié à la règle de prononciation. Si vous êtes curieux, nous vous invitons à vous procurer notre méthode d'apprentissage !

LES PHRASES USUELLES

Présentation

저는 마리입니다.

djo-neun ma-li-ib-ni-da [djo-neun ma-Ri-imm-ni-da], *Je suis Marie.*

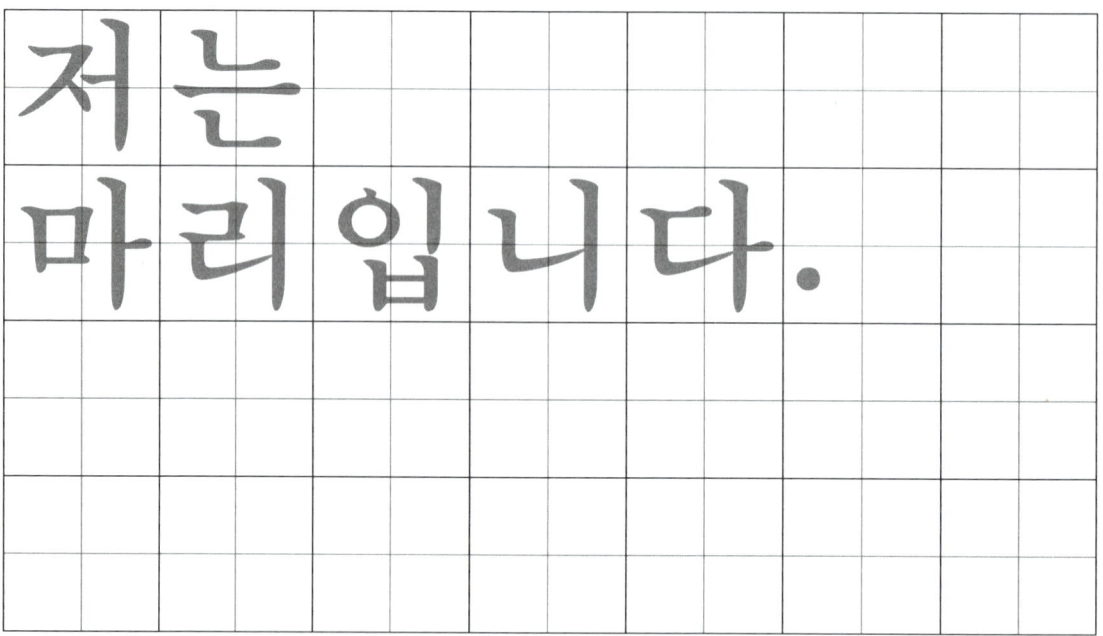

Écrivez la phrase plusieurs fois en veillant à respecter le nombre de traits. Dans cet exemple, on compte 19 ou 20 traits (en dehors de ceux qui composent votre prénom).

....
....
....
....

- **저 djo** signifie *moi*, **-는 neun** est une particule de thème (une particularité grammaticale coréenne) et **입니다 i-bnida** correspond au verbe *être* (**이다 ida** à l'infinitif), ce qui donne littéralement « moi (particule) Marie suis ». En effet, en coréen, les termes de la phrase apparaissent dans l'ordre [sujet - complément du verbe - verbe]. C'est différent du français, n'est-ce pas ?
- Le verbe « être » se colle toujours au complément du verbe.
- Qu'est-ce qu'une particule de thème ? Ce sera l'objet d'une leçon dans un autre ouvrage !

LES PHRASES USUELLES

프랑스 사람입니다.

pʰeu-lang-seu sa-lam-ib-ni-da [pʰeu-Rang-sseu sa-Ramm-imm-ni-da], *Je suis français(e)*.

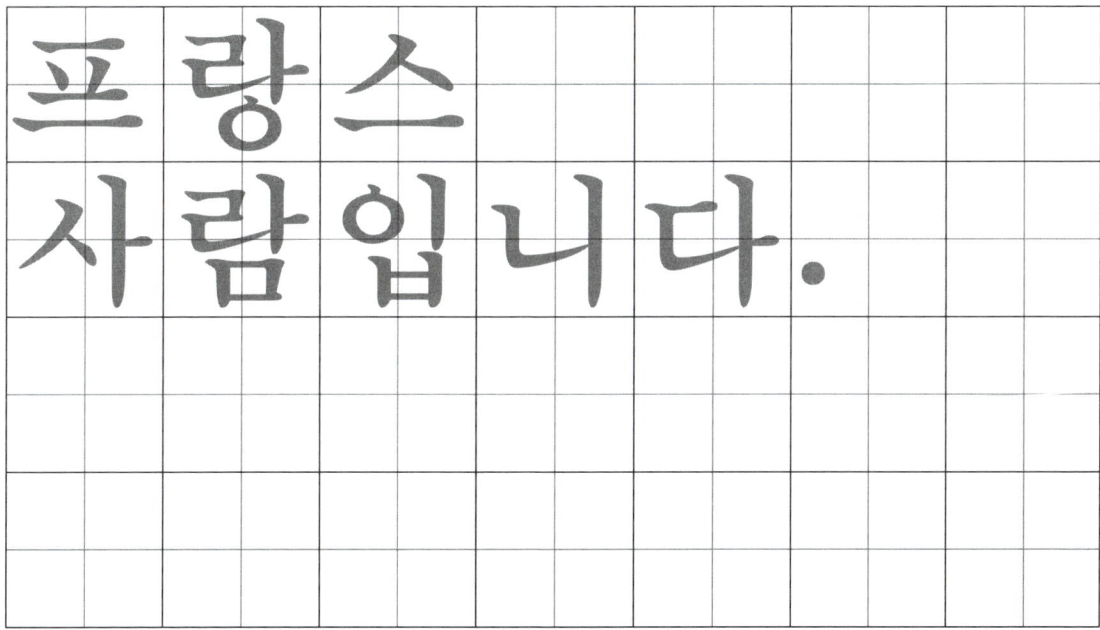

Écrivez la phrase plusieurs fois en veillant à respecter le nombre de traits. Dans cet exemple, on compte 38 traits.

....
....
....
....

• Ici, le sujet **저 djo**, *moi*, est omis. En effet, en coréen, l'emploi du sujet est facultatif : vous l'utilisez quand vous voulez !

105

LES PHRASES USUELLES

한국 사람이세요?

han-goug sa-lam-i-sé-yô [Hann-gou^k-ssa-Ramm-i-sé-yô], *Êtes-vous coréen(ne) ?*

Écrivez la phrase plusieurs fois en veillant à respecter le nombre de traits. Dans cet exemple, on compte 33 traits.

....
....
....
....

- 한국 사람 **hangoug salam** signifie *coréen(ne)* et 이세요 **iséyô** correspond au verbe *être* à l'interrogatif, avec une déférence (une particularité culturelle en coréen).
- Vous pouvez observer de nouveau l'omission du sujet « vous ».
- En remplaçant le complément du verbe par un autre, vous pourrez poser de nombreuses questions, telles que : « Êtes-vous français(e) ? » ; « Êtes-vous chanteur(-euse) ? » etc.

Exercices d'écriture et de présentation

안녕하세요 ? 반갑습니다. 저는 마리입니다. 프랑스 사람입니다. 한국 사람이세요 ?

안녕하세요 ? 반갑습니다. 저는 마리입니다. 프랑스 사람입니다. 한국 사람이세요 ?

안녕하세요 ? 반갑습니다. 저는 마리입니다. 프랑스 사람입니다. 한국 사람이세요 ?

LES PHRASES USUELLES

Souhaits

새해 복 많이 받으세요!

sè-hè bôg manh-i bad-eu-sé-yô [sè-Hè bong ma-ni ba-deu-sé-yô], *Bonne année !*

Écrivez la phrase plusieurs fois en veillant à respecter le nombre de traits. Dans cet exemple, on compte 48 traits.

....

....

....

- 새해 **sèhè** signifie *nouvelle année*, 복 **bôg** *bonheur*, 많이 **manhi** *beaucoup* et 받으세요

badeuséyô vient du verbe 받다 **badda** qui signifie *recevoir*. Littéralement, cette expression coréenne signifie donc « *recevez beaucoup de bonheur pour cette nouvelle année* ».
- Célébrer la nouvelle année en coréen est un peu plus long que le « bonne année » français. Il faut donc s'entraîner à l'écrire plusieurs fois et faire attention à la prononciation.

LES PHRASES USUELLES

고맙습니다.

gô-mab-seub-ni-da [gô-ma^p-sseum-ni-da], *Merci / Je vous remercie.*

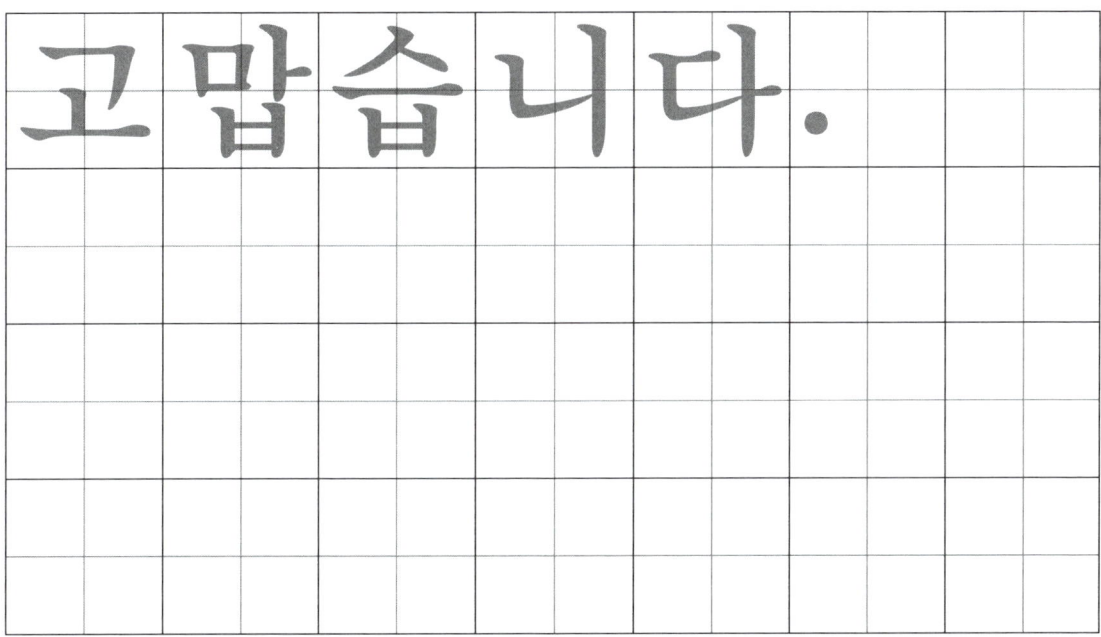

Écrivez la phrase plusieurs fois en veillant à respecter le nombre de traits. Dans cet exemple, on compte 25 traits.

....
....
....
....

- Cette salutation s'accompagne d'une légère inclinaison de la tête. Les Coréens seront agréablement surpris si vous accompagnez le mot « merci » de cette marque de respect.

LES PHRASES USUELLES

생일 축하해요.

sèng-il tchoug-ha-hè-yô [sèng-il tchou-kʰa-Hè-yo], *Joyeux anniversaire !*

생일 축하해요

Écrivez la phrase plusieurs fois en veillant à respecter le nombre de traits. Dans cet exemple, on compte 32 ou 33 traits.

....
....
....
....

- 생일 **sèng-il** signifie *anniversaire* et 축하해요 **tchoughahèyô** vient du verbe 축하하다 **tchoughahada** qui signifie *féliciter*.
- On peut aussi dire 생일 축하합니다 **sèng-il tchoughahabnida**, [sèng-il tchou-kʰa-Hamm-ni-da] qui est plus formel, ou même 생일축하 드립니다 **sèng-il tchougha deulibnida** [sèng-il tchou-kʰa-deu-Rimm-ni-da] quand on s'adresse à une personne âgée ou à quelqu'un à qui l'on doit témoigner du respect.

LES PHRASES USUELLES

실례합니다만...

sil-lyé-hab-ni-da-man [chil-lé-Hamm-ni-da-mann], *Excusez-moi mais...*

실례합니다만...

Écrivez la phrase plusieurs fois en veillant à respecter le nombre de traits. Dans cet exemple, on compte 34 traits.

....
....
....
....

- Cette forme est utilisée quand on souhaite interpeller quelqu'un pour engager la conversation.
- Si vous croisez une personne dans votre quartier et que vous voulez savoir si elle est coréenne, utilisez d'abord cette forme et ensuite la phrase « Êtes-vous coréen(ne) ? » que vous avez vue précédemment ! Cela sera perçu comme une bonne initiative.

LES PHRASES USUELLES

식사는 하셨어요?

sig-sa-neun ha-syoss-o-yô [chi^k-ssa-neun Ha-chyo-sso-yô], *Comment allez-vous ?*

식사는
하셨어요?

Écrivez la phrase plusieurs fois en veillant à respecter le nombre de traits. Dans cet exemple, on compte 32 traits.

....
....
....
....

- Cela peut surprendre mais cette question signifie littéralement « avez-vous pris votre repas ? ». En réalité, c'est une expression pour demander à son interlocuteur, si on le voit souvent, s'il va bien !
- L'expression se construit ainsi : on utilise **식사 sigsa**, qui signifie *repas*, **는 neun** qui est une particule de thème et enfin **하셨어요 hasyossoyô** qui vient du verbe **하다 hada**, *faire*.
- On peut répondre à cette question par **네 né**, qui signifie *oui*, même si l'on n'a pas encore mangé ! Cela veut juste dire que l'on va bien.

LES PHRASES USUELLES

다음에 봐요 !

da-eum-é bwa-yô [da-eu-mé bwa-yô], *À bientôt !*

다	음	에		봐	요	!

Écrivez la phrase plusieurs fois en veillant à respecter le nombre de traits. Dans cet exemple, on compte 25 traits.

....
....
....
....

- Cette expression s'emploie quand on prend congé de quelqu'un. Les Coréens utilisent souvent des expressions telles que « je t'appelle bientôt », « je t'invite bientôt », « on pourrait manger ensemble bientôt », etc. Ces expressions sonnent un peu comme des invitations, mais il n'en est rien ! Les Coréens les utilisent comme simples formules de politesse.
- L'expression se construit ainsi : **다음 daeum**, qui signifie *suivant, prochain*, est associé à **에 é**, une particule de temps et à **봐요 bwayô**, qui vient du verbe **보다 bôda**, *(se) voir*.

113

LES PHRASES USUELLES

안녕히 가세요.

an-nyong-hi ga-sé-yô [ann-nyong-Hi ga-sé-yô], *Au revoir !*

Écrivez la phrase plusieurs fois en veillant à respecter le nombre de traits. Dans cet exemple, on compte 25 traits.

....
....
....
....

- **안녕히 annyonghi** signifie *en paix* et **가세요 gaséyô** *partez* (**가다** à l'infinitif, *aller, partir*).
- Il y a deux manières de dire « au revoir » en coréen. La salutation présentée ci-dessus est employée par la personne qui reste sur place et signifie littéralement « partez bien ».

LES PHRASES USUELLES

안녕히 계세요.

an-nyong-hi gyé-sé-yô [ann-nyong-Hi kyé-sé-yô], *Au revoir !*

안	녕	히		계	세	요

Écrivez la phrase plusieurs fois en veillant à respecter le nombre de traits. Dans cet exemple, on compte 27 traits.

....
....
....
....

- 안녕히 **annyonghi** signifie *en paix* et 계세요 **gyéséyô** *restez* (계시다 **gyésida** à l'infinitif, *rester*).
- Cette fois-ci, la salutation signifie littéralement « restez bien » et est donc employée par la personne qui s'en va.
- Si deux personnes se quittent dans la rue, elles se souhaiteront mutuellement un bon départ en utilisant « partez bien » !

Mots croisés

Complétez les cases avec les mots coréens qui signifient...

Horizontalement
① vacances
② noël
③ le(s) Coréen(s)
④ restaurant (français coréanisé)
⑤ famille

Verticalement
⑥ France
⑦ glace
⑧ nouvelles (anglais coréanisé)
⑨ amour
⑩ chanteur(-euse)

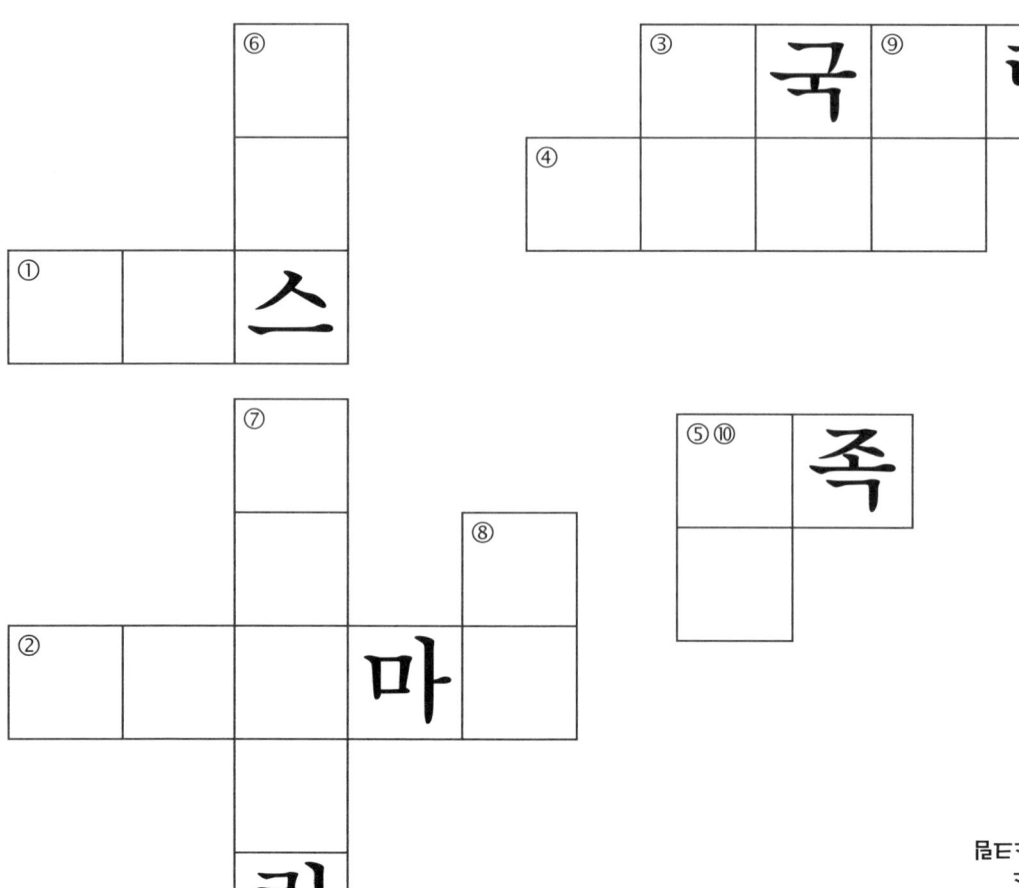

Réponses :
1. 바캉스
2. 크리스마스
3. 한국 사람
4. 레스토랑
5. 가족
6. 프랑스
7. 아이스크림
8. 뉴스
9. 사랑
10. 가수

Les expressions figées intéressantes

Dans cette rubrique, vous allez découvrir les expressions figées fréquemment utilisées dans la vie courante. Cela vous donnera quelques clés sur la culture coréenne.
Si vous avez un stylo pinceau, c'est le moment de le sortir et de vous essayer à l'art de la calligraphie.
Comme tous les arts, la calligraphie demande une formation spécifique : ce n'est pas grave si ce n'est pas parfait, l'essentiel est d'essayer !

goug-sou-leul mog-da [gou^k-ssou-Reul mo^k-tta]

Cette phrase signifie littéralement « manger les nouilles », mais on l'emploie également pour dire « se marier ». Si un(e) Coréen(ne) vous demande « quand est-ce qu'on mange les nouilles ? », cela signifie en fait « quand est-ce que vous vous mariez ? ».

LES EXPRESSIONS FIGÉES INTÉRESSANTES

눈이 높다

noun-i nôpʰ-da [nou-ni nôᵖ-tta]

Cette expression signifie littéralement « avoir les yeux hauts », mais elle signifie en réalité « être exigeant(e) ». Vous êtes célibataire ? C'est peut-être parce que « vos yeux sont hauts » !

LES EXPRESSIONS FIGÉES INTÉRESSANTES

noun-gam-a djou-da [noun-ga-ma djou-da]

Cette expression signifie littéralement « fermer les yeux » et s'emploie aussi au figuré : fermer les yeux sur la faute de quelqu'un, par exemple. Les Français l'utilisent aussi de cette manière !

LES EXPRESSIONS FIGÉES INTÉRESSANTES

귀가 얇다

gwi-ga yalb-da [kwi-ga yal-tta]

Cette phrase signifie littéralement « avoir les oreilles minces » mais elle signifie en réalité « être influençable ». Êtes-vous facilement convaincu(e) par un(e) vendeur(-euse) qui vous propose quelque chose ? Êtes-vous souvent influencé(e) par l'avis des autres ? Si c'est le cas, vous avez les oreilles minces !

귀가 얇다

LES EXPRESSIONS FIGÉES INTÉRESSANTES

입이 무겁다

ib-i mou-gob-da [i-pi mou-goᵖ-tta]

Cette expression signifie littéralement « avoir la bouche lourde ». Si vous gardez bien les secrets que l'on vous confie, vous avez la bouche lourde, c'est-à-dire que vous savez « garder un secret », que vous êtes « muet(te) comme une tombe ».

입이　　무겁다

LES EXPRESSIONS FIGÉES INTÉRESSANTES

입이 가볍다

ib-i ga-byob-da [i-pi ga-pyoᵖ-tta]

Cette expression signifie littéralement « avoir une bouche légère ». Vous en avez certainement deviné le sens, n'est-ce pas ? Cela veut tout simplement dire « ne pas tenir sa langue » ou « être indiscret ».

LES EXPRESSIONS FIGÉES INTÉRESSANTES

바람을 맞다

ba-lam-eul madj-da [ba-Ra-meul maᵗ-tta]

Cette expression signifie littéralement « recevoir un coup de vent ». Si vous allez à un rendez-vous et que la personne ne vient pas, on dira que vous avez reçu un coup de vent, c'est-à-dire qu'on vous a « posé un lapin ».

LES EXPRESSIONS FIGÉES INTÉRESSANTES

바람을 피우다

ba-lam-eul p^hi-ou-da [ba-Ra-meul p^hi-ou-da]

Cette expression signifie littéralement « faire du vent ». Cela signifie en pratique « être infidèle (à son partenaire amoureux) » ou « tromper (sa femme/son mari) ».

바람을   피우다

LES EXPRESSIONS FIGÉES INTÉRESSANTES

ba-lam-goung-i [ba-Ramm-doung-i]

Ce mot est aussi lié au vent, **바람 balam**, et s'emploie pour dire « don Juan » ou « coureur de jupons ».

LES EXPRESSIONS FIGÉES INTÉRESSANTES

발이 넓다

bal-i nolb-da [ba-Ri nol-tta]

Cette expression signifie littéralement « avoir les pieds larges ». Cette expression s'emploie pour dire « être influent(e) ».

L'heure du bilan

Bravo, vous savez à présent lire et écrire le hangeul aussi bien que les Coréens ! Finalement, ce n'était pas si difficile. Il ne vous reste plus qu'à apprendre comment fonctionne la structure de la phrase, comment exprimer vos sentiments, comment poser des questions, etc. Vous trouverez chez Assimil des ouvrages pour parfaire votre apprentissage.

Mais apprendre une langue, c'est aussi apprendre une culture. N'hésitez pas à lire des ouvrages sur la culture et l'histoire coréennes, et pourquoi pas, à vous rendre sur place pour mettre en pratique tout ce que vous aurez appris !

Merci.

고맙습니다.

Crédits iconographiques
Shutterstock : alexandrovskyi : p. 6 a, Gal Amar : p. 5 c, Sky vectors : p. 6 c, Vectorworks_enterprise : p. 5 a, b, d, e.

Création et réalisation : Céladon éditions

© 2016, Assimil
N° d'édition : 4321 - décembre 2023
ISBN : 978-2-7005-0988-5

www.assimil.com

Imprimé en Roumanie par Master Print